AIMER, MATERNER, JUBILER
L'impensé féministe au Québec
de Annie Cloutier
est le mille vingt-quatrième ouvrage
publié chez VLB éditeur.

Le blogue de l'auteure: annieetlasociologie.wordpress.com

Directeur littéraire: Alain-Nicolas Renaud
Design de la couverture: Mügluck
Photo de l'auteure: Mathieu Rivard

Catalogage avant publication de Bibliothèque et Archives nationales du Québec
et de Bibliothèque et Archives Canada
Cloutier, Annie, 1973-
   Aimer, materner, jubiler: l'impensé féministe au Québec
   ISBN 978-2-89649-529-0
   1. Mères au foyer - Québec (Province). 2. Féminisme - Québec (Province).
I. Titre.
HQ759.46.C56 2014   306.874'3   C2014-940225-2

VLB ÉDITEUR
Groupe Ville-Marie Littérature inc.*
Une société de Québecor Média
1010, rue de La Gauchetière Est
Montréal (Québec) H2L 2N5
Tél.: 514 523-7993, poste 4201
Téléc.: 514 282-7530
Courriel: vml@groupevml.com
Vice-président à l'édition: Martin Balthazar

DISTRIBUTEUR:
Les Messageries ADP inc.*
2315, rue de la Province
Longueuil (Québec) J4G 1G4
Tél.: 450 640-1234
Téléc.: 450 674-6237
* filiale du Groupe Sogides inc.,
   filiale de Québecor Média inc.

VLB éditeur bénéficie du soutien de la Société de développement des entreprises
culturelles du Québec (SODEC) pour son programme d'édition.
Gouvernement du Québec – Programme de crédit d'impôt pour l'édition de
livres – Gestion SODEC.
Nous reconnaissons l'aide financière du gouvernement du Canada par l'entremise
du Fonds du livre du Canada pour nos activités d'édition.
Nous remercions le Conseil des arts du Canada de l'aide accordée à notre programme
de publication.

Dépôt légal: 1er trimestre 2014
© VLB éditeur, 2014
Tous droits réservés pour tous pays
www.editionsvlb.com

AIMER, MATERNER, JUBILER

L'impensé féministe au Québec

Annie Cloutier

AIMER, MATERNER, JUBILER

L'impensé féministe au Québec

vlb éditeur
Une société de Québecor Média

À Gerrit.

Note

Dans cet essai, les termes «le féminisme» ou «les féministes» sont employés sans précision supplémentaire dans le but d'alléger la lecture. Le mouvement féministe a toujours comporté des tendances multiples et variées et il continue de le faire. Toutefois, comme le propos de cet essai est de discerner l'impact qu'ont certaines idées féministes sur les vies des Québécoises et des Québécois, il m'a paru légitime d'en résumer les principes les plus unanimes. Pour ce faire, je me suis avant tout appuyée sur les textes issus du Conseil du statut de la femme, notamment ceux qui ont été publiés dans *La Gazette des femmes* depuis 2000. J'explique dans l'ouvrage pourquoi je considère que le Conseil reflète les positions féministes qui ont le plus d'influence sur la population québécoise.

*Les féministes ont sous-estimé
la force du rêve de la femme au foyer.*

CHRISTINE DELPHY

Entrée en matière

En novembre 1987, j'avais quatorze ans. Dans le cadre du cours de formation personnelle et sociale, sœur Suzanne nous avait posé la question suivante : « Que pensez-vous des mères au foyer ? » Voici ce que j'ai répondu :

> Je suis absolument pour la femme au foyer dans la mesure où cet état résulte d'une décision strictement personnelle de la femme concernée. C'est une occupation comme une autre et si la femme préfère rester au foyer, eh bien, qu'elle le fasse sans avoir peur de passer pour une demeurée.

Je me souviens que la question m'avait parue étrange. Fallait-il penser quelque chose des mères au foyer ? On m'avait déjà demandé de rédiger des « textes d'opinion » (thèse, antithèse, synthèse) au sujet de l'état de la couche d'ozone, du libre-échange avec les États-Unis ou des parents divorcés. Je n'avais pas eu de mal, alors, à deviner de quel côté était censé pencher mon jugement. Mais au sujet des mères au foyer ? Je ne voyais pas ce qu'il y avait à débattre. On sent d'ailleurs, outre le respect pour les choix individuels, une certaine indifférence dans ma réponse. On devine que le fond de la question m'échappait alors complètement.

Il y a aussi cette idée – cette évidence – qu'une femme qui choisit d'être au foyer prête flanc à la possibilité d'être qualifiée de demeurée. D'où me venait, à quatorze ans, cette connaissance des lois non écrites qui gouvernent les femmes de ma société ?

Ma propre mère travaillait à temps plein depuis ma naissance au milieu des années 1970. Il était évident qu'elle en tirait une grande satisfaction. Jamais je ne me demandais s'il eût mieux valu qu'elle soit à la maison. La question ne se posait pas. Pas en ces termes, à tout le moins.

En y songeant bien, je me souviens que les mères de certaines de mes amies étaient à la maison. Pourtant, jusqu'au jour où sœur Suzanne a conceptualisé la situation pour la première fois, jamais je n'avais opposé la situation de ces mères à celle de la mienne. Toutes, elles étaient d'abord des mères.

Ma réponse était donc dépourvue de ce que les chercheurs en sciences sociales nomment le «biais de désirabilité», et qui fait en sorte que les répondants des enquêtes tendent à dire ce qu'il est socialement acceptable de dire. Bien que ma mère fût féministe, je n'avais jamais réfléchi aux tenants et aux aboutissants politiques de l'occupation des mères et je ne voyais pas de contradiction entre la maternité et le besoin ou l'envie de s'épanouir dans une autre activité.

Dans les mois qui ont suivi le fameux cours de sœur Suzanne, j'ai émergé peu à peu des limbes nombrilistes et obsédées par les garçons qu'a été mon adolescence et j'ai commencé à prendre conscience des discours qui imprégnaient mon milieu social. Je me suis mise, comme la plupart des gens autour de moi, à considérer le fait d'être à la maison comme une option rétrograde, inenvisageable. Une option qui avilit les femmes. Longtemps, je n'ai pas remis cette idée en question.

Un peu plus tard, avant mes seize ans, je suis partie pour l'Allemagne, où une famille m'a accueillie pendant un an. Je ne me suis pas aperçu tout de suite, tant était vif mon besoin d'entrer en relation avec elle, que ma «mère d'accueil» était une mère à la maison.

De fait, le mode de vie de ma famille d'accueil m'a d'abord semblé admirable. La mère était une flûtiste professionnelle qui donnait des leçons privées à domicile. Le père enseignait le piano à l'Université de Hambourg. Lorsque je rentrais de

l'école, vers 16 heures, ma mère d'accueil était là. Elle avait pré-
paré du thé bouillant et nous le prenions à trois, avec ma sœur
d'accueil.

Il n'y a pas de mots pour dire le réconfort que m'apportait
chaque après-midi le moment du thé. Plongée dans un milieu
scolaire inconnu dont la langue m'était étrangère, je luttais à
chaque moment passé au *Gymnasium* pour ne pas m'effondrer.
Ce qui avait été un rêve – étudier à l'étranger – se révélait être
une épreuve. Je souffrais de la distance qui me séparait de
mes parents, de ma sœur et de mon frère, qui était encore
bébé et dont je raffolais. J'écrivais de longues lettres à chacun
d'entre eux et à bien d'autres personnes demeurées au Québec. Téléphoner était alors pratiquement inenvisageable tant
c'était cher. C'était une autre époque. Je manquais de repères.

La présence de ma mère d'accueil et ce qui m'apparaîtrait
plus tard comme la qualité de son attention (qui n'était pas
éparpillée entre mille tâches à accomplir) m'ont aidée à traverser ce qui s'avérait être la plus grande épreuve de mon existence jusqu'alors.

Plus tard, vers Noël, j'étais mieux installée dans ma vie à
Hambourg. Je parlais l'allemand couramment. Je me déplaçais
partout dans la ville en *U-Bahn* et en vélo. J'avais des amis.
Forte de cette maîtrise retrouvée de mon environnement et,
du coup, beaucoup moins dépendante de ma mère d'accueil,
je me suis mise à observer ses occupations d'un autre œil.

Ma désapprobation croissait subtilement, au fil des conversations que nous avions en essuyant la vaisselle. Je ne pense
pas qu'elle m'ait expliqué qu'être à la maison lui permettait de
déployer ses talents de musicienne d'une manière personnelle
et de maintenir un climat familial détendu, équilibré et aimant; que le budget familial fondé sur le salaire de son mari
lui donnait la liberté de choisir ses engagements professionnels avec parcimonie et passion; que le thé de 16 heures avait
contribué à tisser, entre sa fille et elle, des rapports étroits et
chaleureux.

Elle n'avait pas à me l'expliquer. C'était l'évidence même.
J'étais jalouse, bien sûr.

Je la comparais avec ma propre mère, qui travaillait à temps plein et sortait tous les soirs afin d'entretenir une vie sociale complexe et épanouie. Naturellement, j'avais toujours pensé qu'elle était mère de la meilleure façon qui soit. Que ma mère d'accueil puisse trouver important de passer auprès de ses enfants le plus de temps possible, au point de limiter ses activités professionnelles et sociales, me déconcertait.

«Elle ne trouve rien de mieux à faire que de guetter nos faits et gestes et nous servir, me suis-je mise à penser. Ma mère est plus accomplie, plus intelligente qu'elle.» Je les opposais en esprit, mère d'accueil et vraie mère.

J'étais habituée à l'idée que les efforts doivent produire un résultat désirable ou prestigieux. Je ne comprenais pas qu'on puisse *se consacrer* à ce qui me paraissait de l'immobilité.

J'avais de plus acquis l'habitude et le besoin d'être applaudie pour ce que j'accomplissais. Apprendre par cœur des pages entières d'histoire ou de chimie me valait des notes parfaites aux examens. Le moment de recevoir ma copie était exaltant. Reconnaissance. Triomphe. Célébration. De quelles satisfactions ma mère d'accueil se félicitait-elle donc?

Désormais, à l'heure du thé, je me renfrognais. Je ne supportais plus la sollicitude de ma mère d'accueil. Au Québec, avant mon départ, on m'avait avertie au sujet du choc culturel. Mais ce n'est que beaucoup plus tard que j'ai pu analyser la fracture qui se creusait alors entre ma famille d'accueil et moi en termes de «famille nucléaire», de «socialisation» et de «conflit féministe».

La cohésion qui régnait dans ma famille d'accueil finit par m'être insupportable. Chez moi, à Québec, chacun vaquait librement à ses occupations les plus urgentes. À Hambourg, il fallait paraître à table chaque soir, à la même heure.

Longtemps je me suis rebellée contre les obligations, les conventions sociales et les lois. Si je n'ai jamais cessé de me dire féministe depuis l'adolescence, c'est qu'il s'agit pour moi de liberté, de subversion et de choix. Pour autant, jamais non plus je n'ai cessé de rechercher durée, structure et stabilité dans ma vie privée. Je me déploie au mieux dans un univers au noyau solide, à partir duquel les possibilités s'étendent, illimitées.

Ma mère d'accueil a joué un rôle essentiel dans le choix que j'ai fait, à peine six ans après mon séjour en Allemagne, d'être à la maison auprès de mon premier garçon. Le choix est une notion compliquée, comme nous le verrons. Dans mon cas, il s'est plutôt agi d'une sorte de passivité vis-à-vis de l'évidence : j'étais auprès de lui, il était auprès de moi. Je n'ai pas cherché à lutter contre ce qui allait de soi. J'étais très jeune (22 ans) et j'éprouvais le sentiment rassurant d'avoir énormément de temps devant moi. De fait, la performance et l'ambition avaient atteint des limites tragiques à mon retour d'Allemagne : depuis mes dix-sept ans, j'étais quotidiennement la proie d'angoisses à la limite du supportable et je paniquais souvent. Dans ce contexte, rencontrer celui qui est devenu mon mari et devenir la mère de mon premier enfant ont mis en place, dans mon existence, un bien-être et un sentiment de sécurité qui contrastaient avec les perspectives peu réjouissantes que proposait alors, à mes yeux de jeune adulte, une carrière que je ne parvenais pas à sélectionner, une projection terrifiante dans un avenir professionnel qui s'annonçait bien rémunéré, conformiste, mais dénué de sens.

Il m'arrive de penser qu'être mère au foyer pendant les années de ma vingtaine a sauvé ma vie. Il m'arrive de penser que jamais je n'aurais pu m'épanouir sur le plan professionnel, tard dans la trentaine, si je n'avais pas d'abord vécu pleinement et sans arrière-pensée cet élan qui me portait à avoir des enfants et à consacrer toute mon énergie et mon attention à m'occuper d'eux.

Bien sûr, ce qui vaut pour moi ne s'applique pas forcément aux autres. Par exemple, celles qui n'ont souffert d'aucun traumatisme lors du passage de l'adolescence à la vie adulte et qui, fortes d'une enfance passée dans un milieu familial uni, aimant, acceptant et encourageant et d'une constitution physique et mentale bien adaptée aux exigences de notre société, n'ont éprouvé aucune difficulté majeure à suivre la voie tracée des études, du butinage sexuel et de la consommation enthousiaste que permettaient leurs premiers salaires substantiels, en reportant l'arrivée de leur premier enfant vers la trentaine, peuvent évidemment se trouver satisfaites du principal modèle de réalisation de soi que propose notre société. J'en suis heureuse pour elles et, en quelque sorte, je les envie.

Car il m'arrive aussi de penser que j'ai perdu ces dix années de ma vie. Que je serais aujourd'hui rédactrice en chef du *Devoir* si je n'avais pas passé tout ce temps à la maison à m'occuper de moi-même, de mon mari, de ma communauté et de mes garçons.

Ma vie serait-elle plus heureuse et accomplie pour autant? Qui sait.

Longtemps, on a présenté les mères au foyer comme des femmes unidimensionnelles. Des faire-valoir faciles à mépriser, un modèle à rejeter évidemment. Mais la réalité n'obéit pas aux règles de la simplicité.

Récits de vie et idéologie

Il est possible que le témoignage que je viens de livrer (comme ceux qui suivront) apparaisse à certains comme un piètre gage de la validité scientifique de cet essai. Peut-être au contraire se réjouira-t-on de ce parti pris ; car nous sommes, pour la plupart, avides du potentiel d'identification et de comparaison qu'offrent ce qu'on appelle en sciences sociales les « récits de vie ».

Dans ma vie comme dans ce livre, je m'intéresse à la possibilité de vivre de manière « authentique », personnelle, équilibrée et de donner sens à son existence sans rejeter pour autant ses connaissances, son héritage, sa responsabilité devant le bien commun et la cause de l'égalité entre les femmes et les hommes. Cela ne va pas sans mal. Je constate qu'autour de moi, beaucoup de gens soit se complaisent dans la croyance rassurante que l'égalité des sexes a été acquise une fois pour toutes, soit adhèrent avec un zèle farouche à l'idéologie égalitaire féministe, en se lançant à corps perdu dans le calcul méticuleux des minutes consacrées aux tâches domestiques, en mettant en silos leurs avoirs et ceux de leurs conjoints, en s'exténuant à travailler sans relâche et en serrant les dents afin de ne pas tomber dans le piège qui consiste à « se sacrifier » pour la maternité.

Ma thèse, car j'en ai une, se résume à ceci : l'égalité devrait s'ancrer dans ce que les femmes et les hommes *sont*, non dans ce qu'elles et ils *font*.

Dans un monde authentiquement égalitaire, les femmes n'auraient pas à prouver leur égalité par leurs actions. La dignité égale de tous les êtres humains serait une chose entendue. C'est tout naturellement que nos représentations sociales accorderaient autant de valeur au corps, à l'âme et aux occupations que choisissent les femmes qu'à la façon qu'ont les hommes de penser et d'organiser leur carrière et leur vie. Ce à quoi les femmes emploient leur temps n'aurait aucun effet sur leur statut social. Faire rutiler la voiture ou balayer le plancher du salon. Être à la maison ou travailler à temps plein contre rémunération. Se comporter avec charme et modestie ou, au contraire, comme un bouledogue en talons hauts dans les corridors de l'Assemblée nationale. Biologique ou social – il se constitue dans cette hybridité inextricable –, le fait d'être femme serait aussi universel, fondamental et respecté que le fait d'être homme. Et on renverserait bien sûr la proposition sans hésiter : le fait d'être homme serait aussi universel, fondamental et respecté que le fait d'être femme.

Les femmes seraient la moitié égale de l'humanité, non pas une catégorie, une particularité. C'est, hélas, encore loin d'être le cas, même si l'on s'en approche beaucoup plus au Québec qu'ailleurs. Le fait que l'égalité institutionnelle soit à peu près acquise chez nous constitue un puissant outil de changement des mentalités, mais cet outil n'a pas suffi jusqu'à présent à faire des femmes les égales des hommes en dignité. Prostitution, sous-représentation dans les médias, dans les citations académiques, dans les anthologies et dans l'attribution des prix, pornographie, misogynie, violence conjugale, utilisation en français du masculin comme forme neutre, harcèlement sexuel au travail, hypersexualisation, blagues vulgaires d'humoristes sur les femmes, appauvrissement après une séparation, publicités dégradantes : la liste des symptômes de l'inégalité de traitement des femmes – et de la persistance d'un patriarcat profond – est longue, malheureusement.

Pour autant, dicter aux femmes comment et pourquoi se comporter en femmes «libérées» ne peut que brouiller la situation. Car les Québécoises ne vivent pas leur vie en victimes, et ce qu'elles racontent au sujet de leur trajectoire personnelle et de leurs choix ne concorde pas avec ce qu'affirme le discours féministe sur leur asservissement persistant. La vaste majorité des Québécoises se considèrent libres de leur destin et de leurs choix.

Certes, de nombreux courants féministes reconnaissent qu'il y a plusieurs façons de vivre sa vie de manière autonome et affirmée, comme les féministes différentialistes et les féministes du choix. Mais surtout, il y a ces femmes nombreuses, jeunes et moins jeunes, ces «simples citoyennes» qui se disent féministes parce qu'elles se sentent bien dans leur peau et capables de faire des choix, tout en étant conscientes des inégalités effroyables qui subsistent ailleurs sur la planète, inégalités qu'elles veulent contribuer à éradiquer sans pour autant se concevoir elles-mêmes comme des victimes ou des exploitées.

Subsistent néanmoins le sentiment plus ou moins conscient qu'il y a des limites, des devoirs, des normes qui nous échappent, et l'impression que nous n'en faisons pas suffisamment, que nous ne portons pas assez haut, à chaque instant, l'étendard de notre légitimité et de notre libération. Subsiste aussi la confusion abyssale entre les deux principales définitions que l'on peut donner de la notion d'égalité entre les femmes et les hommes, soit:

- la valorisation uniforme et générale d'êtres humains considérés comme en tous points pareils (la capacité d'enfanter étant perçue comme une particularité dont il faut minimiser le sens) et dont on attend qu'ils accomplissent les mêmes tâches exactement; ou

- la valorisation distincte, mais équitable, d'êtres humains considérés comme complémentaires et différents.

Subsiste, surtout, notre rapport à la maternité, complexe et ambivalent.

Aussi sera-t-il question dans cet essai de mères au foyer, de pères pourvoyeurs, de sexes, de genres, de pauvreté, de partage des tâches, d'amour, de différences entre les femmes et les hommes, de mariage, d'engagement politique, d'identité, bref, de la vie dans son entièreté, et de la possibilité de la vivre de manière à la fois ressentie et éclairée, et de contribuer à l'avènement d'une société profondément égalitaire en exerçant son libre arbitre au quotidien.

Chaque fois que j'utiliserai la notion d'égalité entre les femmes et les hommes, je préciserai si je me réfère à la première ou à la seconde définition que j'en ai données : l'égalité vue comme uniforme et générale, ou impliquant des différences complémentaires avec dignité égale. Une part importante de l'enjeu réside dans cette distinction.

Cet essai est une réaction à la composante idéologique du discours féministe. Parce qu'elles se fondent sur des convictions et non sur des observations, les idéologies simplifient et figent des aspects de la réalité. Elles sont avant tout un discours moral qui propose une distinction entre le bien et le mal, le juste et l'injuste, le vrai et le faux. Elles proposent des solutions arbitraires à des problèmes qui sont posés comme devant être résolus. Bien qu'elles s'appuient sur certaines caractéristiques du réel, les idéologies reposent plutôt sur des valeurs que sur des faits. Dès lors, elles ne peuvent être jugées que sur leur efficacité ou leur cohérence interne, et non sur leur caractère de vérité.

Bien qu'ils adorent brandir publiquement les résultats de recherche qui appuient leurs prétentions, les discours idéologiques ne sont pas nécessairement plus valables scientifiquement que les autres idées qui traversent le discours social.

La recherche montre que certains hommes ne manifestent aucun intérêt pour leur bébé même lorsque leur paternité ne fait pas de doute. Elle montre que des mères esseulées refusent de demander de l'aide même lorsqu'il est évident qu'un soutien extérieur serait bénéfique pour leur bébé. Elle montre que les enfants en milieu défavorisés apprennent à lire plus rapidement lorsqu'ils ont fréquenté un CPE. Mais la recherche montre aussi que l'anxiété des petits de trois à cinq ans augmente lorsqu'ils sont séparés de leurs parents. Elle montre que les mères s'épanouissent dans leur travail rémunéré. Et elle montre également que les femmes qui concilient famille et travail rémunéré sont plus souvent obèses ou exténuées. Etc.

Je considère que les guerres entre résultats de recherche contradictoires n'ont de sens que dans la mesure où elles attirent l'attention sur la complexité du réel. Cela ne signifie pas que je déconsidère la science comme moyen de comprendre et d'expliquer le monde. Au contraire. Mais ce qu'il faut éviter à tout prix, c'est de l'instrumentaliser et de la politiser.

Materner est-il dépassé?

En décembre 2012, je faisais paraître dans *Le Devoir* un texte questionnant la dignité réelle qu'accorde le féminisme à la maternité. Je commentais notamment la vive réaction des réseaux féministes du monde entier aux propos controversés de Carla Bruni-Sarkozy, en entrevue pour le magazine *Vogue* :

> Dans ma génération, on n'a pas besoin d'être féministe. Il y a des pionnières qui ont ouvert la brèche. Je ne suis pas du tout militante féministe. En revanche, je suis bourgeoise. J'aime la vie de famille, j'aime faire tous les jours la même chose. J'aime maintenant avoir un mari. Je suis une vraie bourge! J'ai fini par devenir ma mère, à certains égards, malgré mes huit ans d'analyse!

Comparons ces propos avec l'affirmation fictive suivante :

> Dans ma génération, on n'a pas besoin d'être à la maison auprès de ses enfants. Il y a des éducatrices formidables en CPE qui s'occupent de nos petits. Je n'ai pas du tout envie de m'occuper constamment de mes enfants. En revanche, je suis une femme d'affaires ambitieuse. J'aime passer plus de soixante heures par semaine à l'extérieur de mon foyer, j'aime faire tous les jours la même chose : diriger des réunions, argumenter et régler des dossiers. J'aime maintenant que les gens avec lesquels je passe le plus de temps soient mes collègues et partenaires d'affaires. Je suis une vraie carriériste! J'ai fini par accomplir le rêve fémi-

niste, à certains égards, même si je me suis sentie très déchirée entre mon travail et mes bébés les premières années.

Laquelle de ces deux déclarations paraît la plus acceptable, la plus en phase avec notre façon d'être collective ? La réponse qu'on donne à cette question dépend en partie de la prégnance qu'a la pensée féministe sur la façon personnelle dont on donne du sens à sa vie. Pour ma part, autant vous le dire tout de suite, je préfère de loin la première affirmation. Je la trouve sympathique, chaleureuse, honnête et, pour tout dire, chargée de bon sens. Ce qui ne veut pas dire, évidemment, qu'elle ne comporte pas ses contradictions, ainsi qu'une insouciance pour le moins discutable à l'égard de la nécessité du féminisme pour l'ensemble de la société.

Cela ne veut pas dire non plus que je rejette la deuxième affirmation. Je me réjouis au contraire de tout cœur du fait que les femmes aient de plus en plus le choix de mener leur vie comme elles l'entendent et de poursuivre des carrières exigeantes et prestigieuses si tel est leur désir. C'est là le propos de cet essai : la recherche de plus d'autonomie réelle, plus de possibilités de suivre sa voie, une plus grande participation au bien commun, plus d'égalité fondamentale, plus de bonheur et de jubilation.

Mais le fait est qu'entre les deux affirmations, on hésite. D'un côté, Carla Bruni-Sarkozy que «tout le monde» décrit comme une tête de linotte qui a choisi une carrière superficielle dans le domaine de la mode et s'est mariée par ambition à un homme dont on se refuse à imaginer qu'elle puisse l'aimer «pour vrai». De l'autre, une femme d'affaires qu'on identifie comme le modèle d'accomplissement et d'émancipation qu'on inculque aux femmes dès leur plus tendre enfance (à celles nées après 1970, du moins). D'un côté, le bonheur, le plaisir, la simplicité... et les stéréotypes instantanés de la facilité, de la fainéantise et de la vacuité. De l'autre, le succès acquis au terme du travail acharné, de la discipline et des sacrifices. Pour Carla, la dérision, le mépris, les hochements de tête consternés. Pour la carriériste, l'admiration. La réponse devrait être simple.

Elle ne l'est pourtant pas, à cause de ces quelques mots: «Je n'ai pas du tout envie de m'occuper constamment de mes enfants.» Dans le Québec de 2014, qu'une femme affirme ne pas être intéressée à prodiguer elle-même le plus de soins possible à son enfant choque encore. Peut-être plus que jamais. C'est pourquoi aucune femme ne l'affirme jamais. La déclaration type des mères qui travaillent hors de leur foyer serait plutôt: «J'aimerais passer plus de temps auprès de mes enfants, mais je dois travailler contre rémunération. Je n'ai pas le choix.»

Dans une société qui théorise le placement de *tous* les enfants en CPE comme l'achèvement suprême de la quête d'égalité, n'est-ce pas pour le moins stupéfiant?

Les mères québécoises peuvent être ambitieuses au travail. Pour ce faire, elles passent de longues heures à l'extérieur de leur foyer. Elles s'en remettent à des femmes moins scolarisées et moins bien rémunérées qu'elles pour garder leurs enfants pendant le jour et après l'école, en fin de journée. Elles vivent leur vie de couple et de famille à un rythme effréné et délèguent une bonne partie du soin des enfants à leur conjoint ou mari. Tout cela est généralement reconnu comme «le prix à payer» pour être une femme indépendante financièrement. Mais elles doivent se déclarer désolées de cet arrangement. Elles doivent déclarer: «J'aimerais voir mes enfants plus souvent.»

Non seulement attendons-nous des mères qu'elles travaillent à temps plein contre rémunération, mais nous désirons aussi qu'elles le fassent dans la culpabilité et le déchirement. Inversement, celles qui se rebellent, celles qui affirment leur droit et leur capacité à mener leur vie comme elles l'entendent, à ne pas ressentir d'ambivalence et à ne pas «concilier famille et travail» sont vilipendées. Aux deux extrêmes du spectre somme toute limité des choix possibles entre vie de famille et travail rémunéré, les ministres de retour en fonction ou les PDG présidant des conseils d'administration quelques jours après leur accouchement comme les mères au foyer sont sommées de se justifier: comment osez-vous faire les choses autrement ? Quel exemple offrez-vous à nous toutes qui trimons pour tout concilier ! Vous ternissez notre image de battantes de la conciliation ! N'avez-vous pas honte de saboter cinquante ans de luttes féministes par votre égocentrisme exacerbé ? Vous ne pouvez pas choisir l'un ou l'autre exclusivement ! Vous devez con-ci-lier !

Il n'est pas facile non plus de choisir entre la déclaration de Carla Bruni-Sarkozy et celle de la femme d'affaires fictive parce que toutes autant que nous sommes, féministes ou non, nous reconnaissons sans peine que nous sommes censées adhérer à la seconde. Même si plusieurs Québécoises affirment qu'elles ne sont pas féministes, peu d'entre elles remettent en question le modèle de la superfemme qui mène de front vie familiale et travail rémunéré avec une santé préservée. De façon plus fondamentale, à peu près personne, dans notre société, ne se rebelle contre l'obligation de consacrer la portion congrue de sa vie au travail rémunéré.

On hésite néanmoins à prendre position, à se mouiller, parce que ce qui est en jeu dans ces deux propositions diamétralement opposées, ce sont les enfants, les soins, le don de soi, l'amour, la morale, l'accomplissement, le sens de la vie et la maternité. Or, il y a longtemps qu'on ne peut plus parler de ces choses sans passer pour des fofolles déconnectées, ou pour des moralistes attardées. Les hommes, de Goethe à Parsons en passant par Durkheim parlaient jadis sans rougir de l'amour d'une mère pour ses enfants. Mais ils se sont tus depuis que nous avons décrété qu'ils le faisaient par paternalisme, dans le but unique de nous ligoter et de nous dominer et selon les fausses prémisses d'un essentialisme exacerbé. Rares sont les femmes, depuis, qui ont repris le flambeau de la réflexion philosophique et sociologique sur la noblesse et le caractère moral des soins que prodiguent les mères. Que nous ayons amené les hommes à faire preuve de retenue au sujet des enjeux qui nous concernent au premier chef est chose louable, mais le fait que si peu de femmes aient pris la relève est préoccupant.

Et puis, nous savons bien que le discours public est dichotomique. Soit on est du côté de Carla, soit on est féministe, ou de son temps. Difficile d'oser un «mais», une nuance ou une atténuation sans se faire taxer d'attardée. Nous ne voulons surtout pas passer pour l'une de ces Américaines ultraconservatrices et bigotes qui croient que le rôle unique des mères est d'être à la maison à servir son homme et ses enfants ou pour l'une de ces «*helicopter moms*» qui font du vol stationnaire à cœur de jour au-dessus de leurs petits afin de s'assurer de leur sécurité et de leur succès. Nous nous considérons comme différentes, plus libres et plus évoluées. Nous ne sommes pas réactionnaires au point de faire de la maternité le centre de nos vies.

J'aime particulièrement l'allusion de Carla Bruni-Sarkozy à la psychanalyse. Je décortique ses propos ainsi : à tort ou à raison, elle interprète le féminisme comme une interdiction de donner libre cours à son envie de travailler moins et de passer plus de temps auprès de sa famille. La psychanalyse, en revanche, lui permet de discerner ses élans de la cacophonie discursive ambiante et l'autorise à vivre sa vie sans culpabilité.

Que «Carla» consacre effectivement le plus clair de son temps à ses enfants ou non m'est égal pour l'instant. Qu'elle continue d'enregistrer des disques et dispose d'un bataillon de nounous n'a aucune importance. On peut écrire une thèse sur la façon dont une ex-première dame de France organise sa vie domestique – comme on peut le faire sur tout. Je concentrerai mon attention sur les sept phrases de sa déclaration.

Tirade expressionniste, assurément. C'est ce qui m'abasourdit : qu'une femme riche, célèbre et bardée de succès en tous genres commette une telle embardée dans le cadre d'un entretien qui aurait dû être paisible et sans faute. Des entrevues ? Elle en a donné des centaines au fil des années.

Ce qui saute aux yeux, c'est que ces mots sont énoncés dans un sursaut de subversion. Plusieurs y voient une soumission calculée à des principes néolibéraux de droite portés notamment par son mari – une interprétation oppositionnelle automatique et immédiate. Une ex-mannequin mariée au pouvoir tenant des propos maternalistes et individualistes :

cette privilégiée ne sait pas de quoi elle parle, elle n'a rien compris. En un sens, il est presque trop facile de la discréditer. Or, des milliers de femmes ont lu ses propos avec intérêt, s'y sont identifiées... et ont peut-être été jusqu'à éprouver de la reconnaissance envers Carla de les avoir exprimés. « Je souhaitais que vous sachiez qu'une lectrice a apprécié la pertinence et la justesse de votre analyse », m'a écrit une mère au foyer suite à la parution de mon article qui traitait notamment des propos de l'ex-première dame. « Les femmes ne sont pas toutes pareilles. Il y a plus d'une façon d'être heureuse et utile à la société. Merci de m'avoir fait sentir que la mienne n'est pas moins acceptable qu'une autre ! »

Des milliers de femmes ne comprennent pas pourquoi il n'est plus possible de dire qu'elles rêvent elles aussi d'être des mères au foyer ou de moins consacrer de temps à un travail rémunéré. Ces milliers de femmes refusent de se considérer comme des dominées qui devraient être libérées d'un joug en suivant un programme précis.

Je me propose de considérer les propos de Carla Bruni-Sarkozy non pas comme de la sottise égocentrique et déconnectée, mais au contraire comme ceux d'une femme qui a fort bien compris que même en tenant compte de la nécessité d'établir les conditions sociales nécessaires à l'égalité des chances, elle demeure la seule responsable de son bonheur et de la réussite de sa vie. Sa rébellion vis-à-vis de ce qu'elle perçoit de l'idéologie féministe est d'autant plus libératrice qu'elle sait pertinemment qu'elle n'est pas censée exprimer ce type de sentiment.

J'aime la première déclaration, non pas parce qu'elle dit tout haut ce que je pense tout bas – ce n'est pas entièrement le cas –, mais parce qu'elle illustre en quelques phrases échappées (plus ou moins délibérément) le malaise qui subsiste en Occident entre les femmes d'aujourd'hui et leur « libération ». Comme plusieurs commentatrices, je pense que ce malaise occupe plus particulièrement le terrain de la maternité. Cet essai pose donc la question : materner est-il dépassé ?

Femmes de paille

Je suis fascinée par l'ardeur que nous mettons à rejeter violemment les vedettes qui tiennent des propos qui ne nous semblent pas acceptables. Je suis fascinée par l'emballement des opinions, par notre avidité pour les exécutions sommaires de stars que nous idolâtrions la demi-heure précédente.

Cela n'est pas nouveau, évidemment. De tout temps, les sociétés ont offert en sacrifice certains des leurs, les ont brûlés sur le bûcher ou précipités du haut de rochers afin qu'ils expient les problèmes sociaux qu'elles n'étaient pas en mesure de cerner et de résoudre.

De nos jours, heureusement, ces exécutions intempestives qui n'admettent ni réflexion ni procès ont pris une forme essentiellement symbolique. Les réseaux sociaux ont remplacé les stades remplis de citoyens assoiffés de sang. Les opinions instantanées se sont substituées aux dogmes immuables et transcendants.

Sur les réseaux sociaux, ces années-ci, on «suit» ou on «est ami» avec les personnes qui ont les mêmes opinions que nous. (Les autres nous irritent. Nous les «masquons».) Nous tenons à nos opinions et nous en sommes fiers car elles nous semblent la marque extérieure de notre unicité et de notre capacité de réflexion. Dans les faits, toutefois, nos opinions s'énoncent, prennent forme et se figent avec une instantanéité et un conformisme déconcertants. Car pour avoir du succès dans le monde virtuel, il faut à tout prix afficher la même opinion que la majorité de nos «amis». Nous consacrons peu de temps à lire des textes longs et argumentés aux conclusions méticuleusement expliquées. Nous envisageons rarement de modifier nos premières impressions. Il semble que sans que cela ne soit notre intention, nous recherchons les liens et les affirmations qui confirment ce que nous pensons «toujours-déjà», depuis le premier moment.

Chaque jour, chaque instant, un bouillonnement de valeurs et d'idéologies percute notre attention. Parce que, en dépit de cette tourmente, nous tenons à faire un effort pour comprendre notre monde, nous assimilons et assemblons ces valeurs selon des «répertoires» de sens personnels que nous échafaudons, enrichissons, élaguons, modifions au fil des années, selon le milieu dans lequel nous avons grandi, notre caractère, nos expériences et les gens que nous côtoyons. Ce faisant, nous tenons compte de l'envie et de la nécessité d'intégrer des groupes sociaux, d'être apprécié et aimé. Nous nous constituons ainsi des idéaux personnels composés d'éléments divers essentiels et accessoires – et parfois contradictoires.

Aussitôt que je les ai lus, il était aisé à l'universitaire féministe de gauche que je suis censée être d'identifier les propos de Carla Bruni-Sarkozy comme de la foutaise à dénoncer. J'étais dans l'autobus entre Montréal et Québec quand j'ai pris connaissance de la polémique. Il était environ sept heures du soir. J'avais fait l'aller-retour dans la journée. J'avais assisté à deux cours à l'université, et pris un café avec mon frère en fin d'après-midi. Bref, j'avais ma journée dans le corps et mon jugement – comme souvent, eh oui! – était sur le pilote automatique. Voici ce que j'en ai d'abord dit sur Facebook:

Si on prend ça de manière encore plus fondamentale, c'est l'ignorance de madame Bruni-Sarkozy qui est effarante. C'est vrai que les positions des divers courants du mouvement féministe ont besoin d'être nuancées et débattues, notamment au sujet de la famille et des soins. (Toutes les féministes n'ont pas les mêmes positions sur ces sujets.) Mais la façon dont elle règle la question en deux ou trois phrases simplistes et dont elle oppose confort, bourgeoisie et féminisme, par exemple, relève vraiment de la pensée fourre-tout et ne rend pas service à l'évolution de la réflexion collective.

Le problème, avec la réflexion fourre-tout, c'est qu'elle ne se trouve pas nécessairement là où on le croit. Les opinions des stars au sujet de la politique et de la société, de manière générale, n'attirent que rarement mon attention. Mais si la déclaration de Carla a continué de me préoccuper plusieurs jours après que l'actualité l'avait oubliée, c'est parce qu'il ne s'agit pas d'une position aussi simpliste qu'elle le semblait à première vue.

Je pense maintenant que c'est moi qui n'ai pas «rendu service à l'évolution de la réflexion collective» en réagissant d'abord comme la bonne soldate féministe que je pense devoir être en tout temps. Je sais pourtant qu'il y a depuis longtemps un malaise réel à joindre féminisme et bourgeoisie. Je connais les tabous, les non-dits et les serments de fidélité qui entravent la réflexion féministe. Surtout, je sais que les cadres de comportement et de pensée imposés aux femmes n'ont rien perdu de leur vigueur même s'ils revêtent désormais les oripeaux de l'égalité. Je sais qu'au nom de l'égalité, plusieurs femmes taisent leurs élans, leurs espoirs, leurs fantasmes, leurs opinions et les décisions qu'elles prennent parce qu'elles ne veulent pas passer pour antiféministes ou arriérées. Je sais que plusieurs femmes sont exténuées et aliénées, que nous voulons tout réussir, tout concilier, servir, plaire et être appréciées. Je sais que nous taisons souvent ce que nous pensons – et que nous avons même peine à l'identifier.

C'est parce que je connais tout cela au plus profond de moi que j'ai d'abord évité de poser ma tête sur le billot en disant ce que je pensais de la déclaration de Carla Bruni-Sarkozy.

Plus tard, j'ai écrit – sourire en coin – que c'est peut-être un certain féminisme qui a besoin de Carla Bruni-Sarkozy. La phrase peut être choquante, j'en conviens, mais il m'a pourtant semblé que notre rejet automatique des protestations de Bruni-Sarkozy révélait à quel point le mouvement, du moins en ce qui concerne la maternité, est engoncé dans l'idéologie et détaché de celles-là même qu'il veut défendre et représenter.

Nous détestons la langue de bois. Nous éprouvons du mépris pour les discours formatés des politiciens qui ne s'aventurent jamais en dehors de ce qui est le plus générale-ment admis. Nous estimons que la politique n'est que théâtre, jeux d'arène, faux-fuyants, hypocrisie. Nous déplorons que des mécanismes médiatiques réducteurs minent la discussion collective, l'expression d'un foisonnement de perspectives et d'une sagesse sociale qui tienne compte des besoins et des aspi-rations de chacune.

Pourquoi, alors, nous jetons-nous comme des goules sur celles et ceux qui expriment (parfois maladroitement) une fa-çon différente de concevoir ce qui est important?

«L'ineffable» Lola, écrit la chroniqueuse féministe Fran-cine Pelletier, par exemple, au sujet de la célèbre conjointe d'Éric. Ce type de qualificatifs dépréciatifs jetés çà et là dans la presse comme par inadvertance comportent un avertissement: votre expérience ne sera reconnue que dans la mesure où elle va dans le sens d'un certain discours public.

C'est à se demander si nous ne préférons pas les déclara-tions jovialistes et formatées d'une Isabelle Hudon, présidente de la Financière SunLife Québec, au sujet du bien public, de la générosité et de la supposée compassion de l'entreprise qu'elle représente, alors que l'intérêt de la SunLife, qui vend des assu-rances privées, est de limiter le plus possible le soutien de l'État à la santé des gens. Avec Lola et Carla Bruni-Sarkozy, au moins, on a l'heure juste et on peut débattre. Mais que faire devant la conformité apparente des puissantes et des puis-sants qui clament leur adhésion conformiste aux valeurs que nous désirons mettre de l'avant, mais qui les contournent et s'en moquent lorsqu'ils prennent des décisions?

Dans sa réponse à mon article du *Devoir*, l'écrivaine Mar-tine Delvaux affirme que lorsqu'une personne prend la parole en public, «cette parole est nécessairement politique». Voilà une position qui se défend et que je ne réfute pas. On peut, en effet, concevoir l'ensemble de ce qui s'énonce dans la sphère publique comme participant au jeu politique. Le problème est que ce caractère nécessairement politique entraîne, selon Delvaux, la nécessité de peser ses mots, de tourner sa langue sept fois dans sa bouche avant de parler, bref, de formater sa pensée pour qu'elle corresponde à l'idéologie qui est communément reconnue comme la plus éclairée. D'où saurait donc, dès lors, jaillir la sédition?

Entendons-nous. Toute parole publique est peut-être politique dans le sens où elle participe à la discussion citoyenne. Mais certaines paroles sont plus politiques que d'autres. Étant donné le cafouillis des gazouillis qui caractérise désormais le vaste espace de l'expression collective, les voix qui s'élèvent au-dessus du brouhaha et qui bénéficient de l'attention des médias sont généralement celles de personnes privilégiées. Pour Delvaux, la faute de Bruni-Sarkozy est d'exprimer un point de vue *influent* qui ne fait pas le jeu de ce que le féminisme dominant tente d'accomplir jusqu'à présent.

C'est ainsi que pour plusieurs idéologues féministes, il est juste, nécessaire et bon que les citoyennes puissent s'exprimer dans l'espace public en autant que cela ne dérange en rien la mise en application du programme politique qu'elles se sont donné. Que des comédiennes soient photographiées dans *La semaine* en bikini trois semaines après leur césarienne planifiée ou que des mères au foyer discutent du caractère naturel de ce qu'elles déclarent être «leur rôle primordial» sur des forums de discussion ne préoccupe pas les féministes, qui comprennent bien qu'il faut que la subversion envers l'idéologie trouve à s'exprimer. Les forums de discussion et les entrevues des magazines populaires n'entravent la réflexion politique ronronnante de personne. Seules les voix haut placées ont la capacité de troubler la discussion.

Or, écrit Martine Delvaux, les voix haut placées sont forcément biaisées car elles parlent à partir de la perspective feutrée de leurs privilèges. Si je comprends bien, il faut donc les rappeler à l'ordre.

Plusieurs pistes de réflexion s'offrent à qui veut approfondir les arguments de Delvaux. Qu'est-ce qu'une parole privilégiée? À partir de quel niveau de confort ou de succès la parole devient-elle privilégiée? (Suis-je moi-même disqualifiée?) La parole privilégiée doit-elle nécessairement, pour être admise, faire le jeu de l'idéologie, de la réflexion universitaire ou des orientations les plus consensuelles que se donne la société? Et comment donner une valeur à la «parole démunie» que nous avons plutôt tendance à railler lorsqu'elle s'exprime par l'entremise de blogues et de forums de discussion accessibles à tous?

Jamais, lorsque j'étais mère au foyer, je ne suis parvenue à faire entendre ma voix dans l'espace public. Ce n'est pas faute d'avoir essayé et ce n'est pas parce que ma réflexion n'était pas étayée. Invitée à n'importe quelle émission d'affaires publiques, j'aurais pu dès cette époque commenter l'actualité de manière au moins aussi pertinente que n'importe quelle actrice ou joueur de hockey – qui le font abondamment. Si un jour j'obtiens enfin un doctorat, ce sera au terme de nombreuses années d'efforts dans le but d'obtenir ce que ma société considère comme de la crédibilité. Devrai-je alors me taire parce que je ferai partie des 0,4 % de Canadiens privilégiés qui détiennent un diplôme universitaire de troisième cycle?

Si Monique Jérôme-Forget exprime le bonheur qu'elle a éprouvé tout au long de sa vie à défoncer des murs et des plafonds de verre, à exercer du pouvoir, à concilier famille et travail et à atteindre les objectifs de carrière qu'elle n'a jamais cessé de se fixer, est-ce que sa parole doit être disqualifiée d'office parce qu'elle est privilégiée? Faut-il la faire taire? Lui rappeler que toutes les femmes – loin s'en faut – n'ont pas même la possibilité d'imaginer faire une carrière comme la sienne?

Il faut bien que quelqu'un, quelque part, dise quelque chose. La perspective est forcément biaisée par le sexe, l'âge, la classe et bien d'autres variables encore. C'est la trame des voix diverses et désinhibées qui peut faire advenir la société la plus juste et la plus inclusive possible. Je pense que la perspective des classes moyennes et privilégiées québécoises doit être prise en considération dans les débats sociaux, même si elles ne souffrent pas de manière aussi spectaculaire que les classes plus démunies.

Il y a des années que je butte sur cette notion de privilège, sur la culpabilité qu'elle suscite et sur le discrédit qu'elle implique.

Les personnes riches et célèbres ne sont que des miroirs de nos névroses individuelles et collectives. Ce que nous célébrons et haïssons tour à tour chez elles, c'est la part de nous en elles. Et ainsi Carla Bruni-Sarkozy n'est-elle au fond qu'une femme de paille catalysant notre frustration devant notre incapacité à célébrer ce que nous réussissons, à admettre nos échecs, à exprimer ce que nous ressentons et à résoudre nos contradictions.

Chez la médecin

C'est parce que je prends le féminisme au sérieux et que je m'y identifie profondément depuis deux décennies et demie que je propose d'examiner dans quelle mesure il gouverne nos vies. Décembre 2011. Des douleurs sourdes aux jambes m'empêchent de dormir depuis plusieurs jours. Au terme d'une nuit particulièrement pénible, l'angoisse s'empare de moi : et s'il s'agissait d'un mal sérieux ? Les enfants partis pour l'école, je prends le chemin de la clinique sans rendez-vous. La médecin qui me reçoit a environ cinquante ans. Lorsque je lui explique que je suis venue la consulter au sujet de douleurs intenses, plutôt que de m'ausculter avec un air préoccupé, elle se penche délicatement vers moi : « Racontez-moi un peu à quoi ressemblent vos journées. »

Je devine le constat qu'elle a fait à mon sujet et la manière dont elle compte s'y prendre pour me renvoyer chez moi. M'écouter. Me rassurer. Or, à mon étonnement – et malgré une légère irritation devant la simplicité de la solution – je ressens du soulagement.

Et je raconte.

Je raconte une vie pleine, comme celle de la plupart des adultes qui m'entourent, mais qui ne me paraît pas particulièrement trépidante ou chargée. Je raconte que j'écris des romans et que j'en fais la promotion dans les salons du livre et dans les médias. Que j'enseigne également la sociologie à temps partiel au cégep. Que mon conjoint voyage à coup de semaines entières aux quatre coins du continent. Je raconte

surtout que ce qui m'importe le plus est d'être disponible pour
mes enfants lorsqu'ils ont besoin de moi, de me tenir à proximité et que donc, je ne travaille pas.

«Vous trouvez que vous ne travaillez pas!» sursaute la
médecin.

— Non. Travailler ne m'intéresse pas.

— Mais vous travaillez, voyons!

— Pas au sens féministe du terme, non.

Et sans qu'il soit nécessaire d'en dire plus, elle comprend.
Un quart d'heure plus tard, je quitte son bureau rasséré-
née. Un bon bain chaud, un après-midi de congé et... une vi-
goureuse remise en perspective de l'impact que doivent avoir
les idéologies sur ma vie. C'est le traitement recommandé.

Entendons-nous: la majorité des femmes d'aujourd'hui
ne s'encombrent pas sciemment des préceptes féministes
pour mener leur vie. Rares sont celles qui s'arrêtent à la façon
dont le féminisme contribue à établir le cadre social dans lequel elles évoluent et à orienter leurs comportements. Rares
sont celles qui se demandent, au moment de prendre une décision, si le féminisme la condamne ou la loue. Mais qu'on le
reconnaisse ou pas, non seulement le féminisme québécois
influence-t-il la politique québécoise, mais il teinte aussi l'idée
que se font du monde, de la morale et du bonheur toutes les
Québécoises et tous les Québécois – qu'ils emploient ou non
le mot «féminisme».

Je n'ai pas eu besoin d'expliquer à la médecin que j'étais en
train de laisser l'idéal féministe de l'autonomie financière diri-
ger ma vie au point d'en ressentir une douleur physique. Elle a
immédiatement cerné ce qui faisait surplus dans ma vie et me
transportait à des hauteurs inégalées d'anxiété: l'enseignement
au cégep. La seule de mes occupations qui soit rémunérée. Bien
que, de toute évidence, cette femme avait une carrière exigeante et payante qui lui procurait satisfaction et fierté, en un
quart de seconde, elle avait repéré le tort que peut causer l'idéologie lorsqu'elle est appliquée avec une ferveur démesurée.

Non pas que je manifeste des dispositions particulières à
l'obéissance et à l'aveuglement. Mais à force d'étudier la socio-

logie et le féminisme, ces dernières années, je me suis mise à assimiler à mon corps défendant ces idées que je m'étais pourtant promis d'analyser avec détachement : que le travail rémunéré est la source unique de la valorisation et de l'identité sociale, que l'autonomie financière fondée sur un salaire est un devoir féministe et que ne pas accumuler le plus de revenus possible et de RÉER dans la force de l'âge est une manière dangereuse de mener sa vie.

« Que m'arriverait-il si mon conjoint et moi nous séparions ? » me trouvais-je ainsi à fabuler dans le cabinet de la médecin.

— Votre couple vous paraît-il fragile ?

— Non…

— Eh bien, et alors ?

En effet, et alors ? Que connaît le féminisme de ce qui ne cesse de se construire et de se solidifier entre mon mari et moi ? Que sait-il de la façon dont nous nous entendons pour mener nos vies ? De la satisfaction qu'il éprouve à gagner un salaire suffisant pour nous faire vivre tous ensemble sous le même toit (lui, moi et nos trois enfants), et de celle que j'éprouve à écrire tant et aussi longtemps que cela me comblera tout en demeurant très proche de nos garçons ? Pourquoi ne puis-je me défaire de l'impression que l'insécurité financière bien réelle qui continue d'affliger autrement plus de femmes que d'hommes s'applique aussi à moi ?

Mais que dit (ou dicte) au juste le féminisme québécois au sujet de la place que nous devons accorder au travail rémunéré ? Quel rôle a-t-il contribué à jouer historiquement dans notre conception de ce qu'est une vie bonne ?

Maternité et travail :
le discours féministe québécois

C'est dans les années 1960 que le féminisme québécois tel que nous le connaissons aujourd'hui a pris son envol. Les féministes les plus influentes sont alors les féministes égalitaires. Elles refusent que les femmes soient limitées aux activités liées à la reproduction, alors que cela avait été auparavant leur destinée socialement approuvée et encouragée. Elles montrent que leur capacité biologique de mettre un enfant au monde n'implique pas que les femmes doivent se consacrer exclusivement à la maternité. Les femmes, plaident-elles, peuvent – et *doivent* – accomplir autre chose que des tâches domestiques. Elles doivent devenir aussi actives publiquement que les hommes, et ce faisant, accéder à un statut égal au leur.

L'égalité, tant de droit que de fait, est alors une notion clé. Pour l'atteindre, les féministes égalitaires exhortent les femmes à établir leur liberté sexuelle par le contrôle de leur reproduction et de leur sexualité, à assurer leur liberté financière en accédant aux mêmes études et aux mêmes emplois que les hommes avec l'apport des congés de maternité et des garderies, et à renforcer leur statut juridique en obtenant de nouveaux droits matrimoniaux et individuels.

Les féministes égalitaires mettent l'accent sur l'éducation et la socialisation des jeunes filles à l'égalité et à l'autonomie. Elles mettent de l'avant un modèle de femmes sûres d'elles-mêmes, autonomes, engagées dans le monde du travail, qu'elles concilient avec ce qui continue à être considéré comme leurs «obligations familiales». En effet, les féministes égalitaires des années 1960 revendiquent des changements qui ne remettent pas fondamentalement en question l'idée que les femmes sont censées désirer avoir des enfants et être les mieux préparées à s'en occuper.

L'autonomie financière est toutefois déjà un enjeu majeur. Elle doit être atteinte par le travail rémunéré. Pour être les égales des hommes, les femmes doivent avoir leurs propres revenus et être capables de vivre seules s'il le faut ou si elles le désirent. Cela ne va évidemment pas sans heurts, dans un monde du travail traditionnellement voué à la réussite d'hommes qui comptent sur leur épouse pour veiller aux tâches ménagères et à l'éducation des enfants pendant qu'ils travaillent contre rémunération.

Au départ, les féministes égalitaires ne s'intéressent toutefois que relativement peu aux rôles des mères et des pères, à la possibilité de les modifier ou de les critiquer. Ni le statut des mères comme principales responsables de l'éducation et des soins prodigués aux enfants ni celui des pères comme principaux pourvoyeurs ne sont remis en question. Ce n'est qu'au milieu des années 1980 que le partage égal des tâches domestiques et du travail rémunéré deviendra une préoccupation centrale du féminisme égalitaire.

À partir des années 1980, en effet, les filles des féministes égalitaires des années 1960 deviennent adultes et souvent mères à leur tour. Élevées dans la certitude de leur valeur égale et de leurs droits, elles se heurtent aux difficultés de concilier la carrière qu'elles ont appris à convoiter avec leurs aspirations à l'amour, aux enfants, à la famille et au bonheur domestique. Les obstacles qu'elles affrontent sont évidemment systémiques : vingt ans de féminisme engagé n'ont pas révolutionné la «société des hommes» et le monde public fonctionne encore largement selon les lois, la culture, l'éthique et les façons de faire qui soutiennent leurs privilèges et leur autorité. Mais les obstacles sont aussi d'ordre psychoaffectif : «Pourquoi et dans quelle mesure devons-nous renoncer en grande partie au bonheur familial et au foyer?» se demandent les femmes de ces années. L'amour, la chaleur et l'entraide sont-ils possibles lorsqu'on passe la majeure partie de sa vie ailleurs qu'auprès des personnes qui nous sont les plus chères?

Au Québec, le féminisme égalitaire acquiert une forte influence auprès du gouvernement et des politiques. Le Conseil du statut de la femme a été créé en 1973. Cet organisme gouvernemental a pour mission de promouvoir les droits et les intérêts des Québécoises et de conseiller le gouvernement du Québec sur tout sujet qui concerne l'égalité des femmes et des hommes. Comme le Conseil est hébergé au sein même de la fonction publique québécoise, il va de soi que la circulation des idées peut s'effectuer dans les deux sens et que le gouvernement aussi, désormais, se trouve fort bien situé pour «conseiller» le féminisme québécois. Ce type d'entente cordiale entre, d'une part, un mouvement qui renonce en grande partie à sa frange radicale et à sa diversité et, d'autre part, un gouvernement qui a intérêt à financer le mouvement pour mieux le contrôler, se nomme «institutionnalisation». Sans que cela ne remette nécessairement en question la bonne foi des deux parties, et sans nier que la formule comporte des avantages importants pour le mouvement, il s'agit d'un mécanisme puissant de convergence d'intérêts et de propagande, capable de marquer profondément l'imaginaire d'une population.

De fait, la plupart des Québécois, qu'ils soient au fait ou non des détails des luttes féministes, identifient aujourd'hui l'égalité entre les femmes et les hommes et le travail rémunéré des femmes comme deux des principaux enjeux du féminisme. Or, il ne s'agit pas là d'une vérité naturelle, suprême, irrécusable. Il est possible d'imaginer une société féministe qui ne fasse pas du travail rémunéré le fondement absolu de la dignité des femmes. Pour ce qui est de l'égalité, elle est bien centrale et incontournable, mais elle peut se fonder sur des principes autres que ceux promus par le Conseil du statut de la femme, comme nous le verrons plus loin.

Dans les années 1980 et 1990, donc, des milliers de femmes financièrement autonomes se mettent à lutter pour concilier famille et travail rémunéré. Le problème, qu'identifient rapidement les féministes, c'est que les femmes continuent d'assumer la plus grande part – voire l'entièreté – des tâches liées au soin des enfants et de la maison. Les hommes doivent en faire plus. L'État aussi. La lutte contre les stéréotypes devient le nouveau mot d'ordre : les femmes n'éprouvent pas nécessairement d'excitation à l'idée de se procurer un nouvel électroménager. Les hommes peuvent quitter tôt le bureau afin de se présenter avec leur enfant chez le médecin. L'État doit soutenir les garderies et instituer des congés de maternité bien rémunérés.

Jamais la place centrale du travail rémunéré des femmes n'est remise en question. Il s'agit de l'enjeu clé du féminisme québécois depuis les années 1970. Depuis cette époque, le travail est en effet présenté comme le principal lieu de l'autonomie, du bien-être et de la réalisation des femmes. Il représente la façon la plus efficace de prévenir ou d'atténuer des problèmes comme la pauvreté post-divorce et la violence domestique. Pour le féminisme québécois, le plein-emploi des femmes est l'objectif pour lequel il faut lutter, et la maternité ne doit pas être vue comme un obstacle. Pour le dire comme la chercheure féministe Francine Descarries et ses coauteures au début des années 1990 : « La présence d'enfants à la maison n'est plus prétexte à l'exclusion des mères du marché du travail. »

C'est à ce moment que s'opère le passage définitif d'une conception de l'égalité qui admet la différence à celle qui se fonde dans la similitude absolue de ce que sont et ce que font les femmes et les hommes.

Pour autant, l'harmonie rêvée entre vie de famille et travail n'advient pas comme par enchantement. Les féministes en sont conscientes et s'en préoccupent d'autant plus que, devant l'ampleur des changements politiques et sociaux pour lesquels elles ont lutté durant trois décennies, la résistance de certains groupes est en train de s'organiser. Les critiques fusent, surtout de groupes masculinistes ou religieux. Destruction des familles, mal-être des enfants, abandon du mariage, divorces, épuisement des femmes, enivrement du pouvoir : le féminisme est accusé de tous les maux. Il doit réagir.

Au Québec, la contre-offensive féministe qui commence dans les années 1990, consiste en un durcissement de la position pro-travail rémunéré. Pas question de perdre ce qui a été acquis de haute lutte! Plus que jamais, les femmes, y compris les mères, doivent travailler contre rémunération. «Gare au *backlash*, au retour à la maison des jeunes femmes qui se sentiraient coupables», écrit ainsi la journaliste Danielle Stanton en 2007 dans *La Gazette des femmes*.

Les féministes reconnaissent que la conciliation famille-travail génère des problèmes importants de fatigue, de manque de temps, de surcharge mentale, de sentiment de culpabilité et d'échec, d'insatisfaction, de détérioration de la qualité de vie et de stress auxquels il faut trouver des solutions. Pour elles, toutefois, la difficulté n'est pas tant liée à une certaine incommensurabilité des sphères familiales et professionnelles qu'à un retard dans l'évolution des mentalités, y compris celles des principales concernées. Les mères *doivent comprendre* qu'elles n'ont pas de raisons de se sentir coupables. La journaliste Valérie Borde écrivait, en 2004, dans *La Gazette des femmes*:

> En 1997, une enquête de Statistique Canada montrait que 59% des hommes et 51% des femmes pensent encore qu'un enfant risque de souffrir du fait que ses deux parents travaillent à temps plein.

Les femmes ne comprendront-elles donc jamais que le soin intensif des enfants les aliène et les infantilise? Que l'idée d'«enfants souffrants» est une invention des conservateurs ou des religieux fondamentalistes? Comment les désintoxiquer de l'attrait irrésistible qu'elles éprouvent pour le foyer, leurs enfants et le fait de se «faire vivre»?

Eh bien! Avec le temps, des efforts acharnés et le concours du gouvernement, les féministes québécoises y sont largement parvenues.

Je voudrais maintenant établir des faits importants. Il est bon que les féministes québécoises soient parvenues à débarrasser la psyché de leurs concitoyennes des idées religieuses et patriarcales qui pétrifiaient leur volonté et leur libre arbitre. Je suis la première à me battre bec et ongles contre la domination masculine et les dogmes religieux de tout acabit. Et je ne crois pas que les enfants souffrent nécessairement des heures qu'ils passent au service de garde ou à la garderie.

Je comprends également que le patriarcat et le fondamentalisme religieux sont organisés en de puissants lobbys envers lesquels le féminisme ne peut pas se permettre de faire preuve de passivité.

Mais le propos de cet essai est d'établir : *primo*, que le soin des enfants est une envie profonde à laquelle les femmes ne s'arrachent pas sans souffrance la plupart du temps ; *secundo*, qu'il est bon, moral et heureux d'accomplir ces tâches lorsqu'on le choisit librement ; et *tertio*, que ces tâches peuvent et doivent être valorisées pour leur apport fondamental à la bonne marche de la société. Pas de « travail reproductif », pas de travail productif, pas de création de richesse, pas de société. C'est aussi simple que cela.

Je voudrais aussi montrer que le jusqu'au-boutisme féministe en matière de travail rémunéré fait le jeu de la droite néolibérale et religieuse en n'offrant aucun espace à celles qui n'éprouvent pas le sentiment exalté de s'accomplir dans l'existence « taille unique » fondée sur la conciliation famille-travail que propose le féminisme. Comment blâmer celles d'entre elles qui votent pour les seuls partis (l'ADQ et le Parti conservateur, notamment) qui valorisent leur occupation par des propositions concrètes ?

*

La plupart des Québécoises sont désormais convaincues de la nécessité de ne jamais cesser de travailler contre rémunération sauf dans le cadre de congés parentaux qui garantissent leur lien à l'emploi. La majorité d'entre elles adhèrent dorénavant à l'idée que le développement psychosocial d'une femme qui ne dispose pas des revenus d'un travail à temps complet n'est pas achevé, que le travail rémunéré est le lieu primordial de l'accomplissement de soi et que passer environ quarante heures chaque semaine à l'extérieur de son domicile afin d'effectuer les tâches exigées par un employeur relève d'un droit à la dignité.

Le féminisme québécois, sans contredit, exerce une influence sur la façon dont les gens jugent acceptable de mener leur vie.

Les féministes sont tout de même conscientes que malgré une meilleure accessibilité des services de garde de qualité depuis l'implantation du réseau des CPE – et peut-être même en partie à cause de lui, et de la norme de conciliation qu'il contribue à affirmer – le travail à temps plein des mères entraîne une surcharge de travail. De fait, le réseau des CPE rend possible que le plus de parents possible travaillent contre rémunération, mais il ne modifie ni la charge parentale, ni le stress, ni la course qui l'accompagnent. Au contraire, on peut se demander s'il ne contribue pas à l'exacerbation d'un mode de vie fondé sur la performance et l'augmentation constante du nombre de choses qui peuvent être accomplies dans une journée. Depuis qu'elles bénéficient de l'un des réseaux de garde étatisés les plus performants au monde, les Québécoises et les Québécois n'ont véritablement *plus d'excuses* pour vivre dans le calme et la simplicité.

En cours de route, toutefois, le féminisme québécois a complètement abandonné la représentation politique des mères qui ne travaillent pas contre rémunération. De fait, le Conseil du statut de la femme lutte désormais contre l'aide financière aux mères au foyer. Dans un document datant de 2007 et intitulé *Maintenir le cap sur l'égalité de fait: réflexion sur certains enjeux en matière de politique familiale*, il exprime ainsi sa position:

> Il faut donc se montrer circonspect à l'endroit de toute allocation qui inciterait les femmes à s'éloigner du marché du travail pour assurer, elles-mêmes, la garde de leurs enfants d'âge préscolaire durant plusieurs années. Même pré-

sentée sous le couvert d'une plus grande liberté de choix, une telle mesure risquerait d'être, non seulement pénalisante à moyen et à long terme pour les femmes qui privilégieraient cette voie, mais également coûteuse pour toute la société.

Le Conseil du statut de la femme dénonce les mesures de soutien aux familles qui n'incitent pas les mères à travailler contre rémunération. La prestation fédérale pour frais de garde d'enfants, qui consiste en un versement mensuel de 100 $ que tous les parents canadiens peuvent utiliser pour payer le type de garde de leur choix, y compris la garde parentale au foyer, est particulièrement visée.

Car l'idée selon laquelle les parents devraient pouvoir choisir le mode de garde de leurs enfants est envisagée avec méfiance par les féministes québécoises. Pour plusieurs d'entre elles, sous couvert d'une plus grande liberté de choix, certains acteurs sociaux cherchent à « renvoyer les mères à leur cuisine ». Les politiques sociales qui visent à soutenir les mères au foyer sont catégorisées comme conservatrices et paternalistes – et donc, discréditées d'office.

Encore aujourd'hui, même si les féministes reconnaissent que les problèmes de conciliation ne disparaissent pas et qu'en plus des mères, ils affectent désormais de nombreux pères, elles continuent d'affirmer que la solution à ces problèmes persistants réside dans les mesures de conciliation travail-famille. Et ainsi, dans les médias, dans les officines gouvernementales, au bureau, entre copines, partout, il est de bon ton de se féliciter de l'évolution du Québec en la matière. Ne bénéficions-nous pas des politiques familiales les plus progressistes en Amérique du Nord, et peut-être même au monde ? Ne sommes-nous pas les champions du nombre de pères qui prennent des congés parentaux ? N'atteignons-nous pas ainsi des sommets dans l'égalité des sexes ?

Féminisme, politiques familiales et néolibéralisme

Dans un cours de sociologie de la famille, j'ai causé tout un émoi en affirmant un jour que les politiques familiales québécoises reposent sur des principes néolibéraux. Mes condisciples étaient estomaqués : l'État québécois n'est-il pas le plus social-démocrate et féministe en Amérique du Nord ? C'est absolument exact et il est juste que nous en soyons fiers. Mais attention. Comme le rapportent notamment les chercheures Marie-Ève Giroux et Jane Jenson, les idées principales qui ont sous-tendu la mise en place du réseau des CPE et du Régime québécois d'assurance parentale étaient les suivantes :

- Maintenir la qualité de vie socioéconomique des parents qui travaillent contre rémunération.

- Favoriser le partage égalitaire (au sens de pareil) des tâches entre les femmes et les hommes.

- Favoriser le bien-être des enfants, des parents et des familles.

- Encourager la natalité*.

---

* Historiquement, les féministes ont critiqué les politiques natalistes, souvent jugées «conservatrices» parce qu'elles interfèrent avec la liberté de choix des femmes. Or, il est intéressant de constater que, lorsqu'il s'agit d'encourager à tout prix le travail rémunéré des mères, le féminisme québécois ne s'oppose pas à la mise en place de politiques ouvertement natalistes.

Le fait que la nécessité de maintenir les conditions de vie socioéconomiques des parents qui travaillent contre rémunération a été l'argument le plus invoqué pour justifier la mise en place du réseau de CPE et du Régime québécois d'assurance parentale pourrait sembler étonnant. Mais, dans une société néolibérale fondée sur la production, le travail rémunéré et la consommation, quoi de plus naturel que d'encourager les citoyens à maintenir leur pouvoir d'achat dans toutes les circonstances de leur existence, ce pouvoir d'achat étant considéré comme le mètre-étalon de leur qualité de vie ?

Nous savons pourtant que la qualité de vie est plutôt fonction du bien-être psychologique, de la qualité des relations sociales et de l'environnement physique que de l'argent proprement dit (même si l'argent, de toute évidence, est nécessaire aussi). La sociologie, la philosophie et les sciences de la santé nous l'expliquent depuis des années.

Nous savons aussi que le niveau de vie moyen des familles dont les deux parents travaillent contre rémunération n'est pas le plus mauvais dans notre société. En revanche, les familles monoparentales et les familles biparentales à un seul revenu ont, d'ordinaire, un besoin plus urgent et plus récurrent de l'aide de l'État. Pourquoi donner la part la plus importante du budget octroyé aux familles à celles qui s'en tirent le mieux de toute façon ? (Les familles monoparentales et biparentales à un seul revenu ne retirent aucun soutien du congé proposé par l'assurance parentale car elles ne peuvent que rarement se permettre d'amputer – ne fût-ce que pour quelques semaines – le salaire unique qui assure leur subsistance.)

Le Soutien aux enfants, quant à lui, est versé à tous les parents, travailleurs ou non. Il pourrait donc être vu comme une mesure qui encourage le libre choix des parents en matière de conciliation. Or, ce n'est pas le cas, d'abord parce que la visée première du Soutien aux enfants est de compléter le revenu des parents et de lutter contre la pauvreté des familles et des enfants. La philosophie qui sous-tend cette mesure a donc peu à voir avec la conciliation famille-travail, contrairement à la Prestation universelle pour la garde d'enfants du gouvernement fédéral, par exemple. Les deux mesures ont toutefois en commun de ne pas constituer un soutien suffisant pour remplacer un salaire, loin s'en faut.

Pour la chercheure Jane Jenson, le Soutien aux enfants ne change rien au fait que le parent travailleur demeure la figure centrale de la politique familiale québécoise :

> [Cette mesure] cherche à encourager les parents à préférer un travail à bas revenu plutôt que de rester sur l'aide sociale. En d'autres termes, ce soutien est à la fois une allocation aux familles et une incitation à ce que les parents intègrent, restent ou reviennent sur le marché du travail.

Ce qu'il faut comprendre, c'est que le travail rémunéré de toutes et tous et la production et la consommation débridées qu'il permet sont des piliers des sociétés néolibérales. « Le monde du travail s'est [...] largement féminisé et l'économie québécoise – tout comme celle des pays développés – ne pourrait tout simplement plus fonctionner sans le travail salarié des femmes », écrit le sociologue Simon Langlois.

On peut ainsi se poser la question suivante : les politiques familiales québécoises ont-elles d'abord pour but de soutenir les parents que le capitalisme défavorise ou, au contraire, font-elles le jeu du néolibéralisme en consolidant les privilèges des plus favorisés et en renonçant à corriger certaines iniquités ? Nos gouvernements ne cherchent-ils pas d'abord, au fond, à mettre tout le monde au travail pour avoir l'économie la plus « performante » possible ?

La mise en place du réseau des CPE et celle du Régime québécois d'assurance parentale sont de ces mesures qui contribuent à faire des travailleurs du plus grand nombre de citoyens possible. L'obligation de travailler contre rémunération pour bénéficier de ces soutiens familiaux est posée comme une évidence. On a souvent noté que les familles les plus défavorisées n'ont pas même les moyens de confier leurs enfants à des CPE, ne serait-ce que pour consacrer leurs journées à chercher un emploi. Si vous ne travaillez pas contre rémunération, vous ne recevez pas d'aide familiale particulière de l'État. C'est aussi simple que cela.

*

Alors oui, les politiques familiales québécoises sont avant-gardistes, généreuses et féministes. Elles permettent aux enfants de bénéficier de services de garde de qualité et à leurs mères comme à leurs pères de travailler pendant ce temps. Leurs principes inclusifs font qu'elles viennent en aide à un éventail très large de travailleurs, y compris les travailleurs autonomes et saisonniers. Elles favorisent la participation des pères aux soins des enfants. Il faut toutefois admettre certaines choses :

D'abord, bien que ces politiques soient qualifiées de « familiales », elles favorisent le travail rémunéré plutôt que la famille (c'est le cas du réseau des CPE), ou elles favorisent la famille dans le cadre primordial du travail rémunéré (c'est le cas de la Loi sur l'assurance parentale).

Ensuite, leur objectif de « favoriser le bien-être des enfants, des parents et des familles » ne concerne que les familles dont les parents travaillent contre rémunération.

De plus, l'emploi des mots « parents » ou « parentalité » est un élément d'une stratégie qui vise l'égalité (au sens de pareil) des mères et des pères face aux soins aux enfants. Cela peut évidemment être considéré comme louable jusqu'à un certain point.

Toutefois, la maternité s'en trouve, dans une certaine mesure, escamotée. En faisant des mères les égales des pères sur le plan des soins, les politiques familiales québécoises tendent en effet à relativiser l'impact des phénomènes biologiques que sont la grossesse, l'accouchement et l'allaitement, et celui de l'adaptation psychologique qu'exige la maternité pour les femmes. Parce qu'elles se veulent féministes, ces politiques insistent sur ce qui rend similaires les expériences des mères et des pères.

Finalement, on ne peut faire autrement que noter que le personnel des CPE est en grande majorité de sexe féminin, ce qui va dans le sens de la tendance dominante : le travail des soins aux enfants, même lorsqu'il est (mal) rémunéré, demeure l'apanage des femmes. N'y a-t-il pas là une contradiction flagrante avec les nobles objectifs d'autonomie financière, de mieux-être économique et d'égalité au nom desquels les politiques familiales sont mises en œuvre ?

*

Dans leur recherche de politiques familiales plus justes, certaines féministes ont défendu l'intérêt de substituer à la notion d'égalité (au sens d'identique) celle d'équité. La grande philosophe américaine Nancy Fraser, par exemple, considère que des différences entre les individus peuvent découler des aspirations et des possibilités différentes et que la reconnaissance de ces différences doit fonder des politiques qui soutiennent la possibilité que les parents occupent des emplois à temps partiel, par exemple, ou qu'ils se consacrent eux-mêmes aux soins à leur famille. La notion d'équité admet que les femmes et les hommes – que tous les individus, en fait – peuvent vouloir se vouer à des tâches différentes, mais équitablement rémunérées et valorisées. L'équité permet aussi de tenir compte des besoins propres des enfants, qui ne comprennent pas nécessairement la garde à temps plein en CPE.

Ainsi brièvement dépeinte, la notion d'équité peut sembler propice à conduire à l'acceptation d'une socialisation anachronique qui encourage les femmes à se consacrer aux tâches domestiques. Les féministes « égalitaires » soulignent en effet que les différences d'aspirations et de comportements entre les sexes sont au moins en grande partie socialement construites et reproduites, et qu'elles mènent inévitablement à des inégalités. « Laissées à elles-mêmes », estime-t-on, les femmes vont effectivement choisir de consacrer une large part de leurs énergies à leur famille parce qu'elles ont été conditionnées à le faire.

En tolérant, au nom de la différence, que certaines femmes continuent d'accorder une large place au travail domestique dans l'organisation de leur temps, la notion d'équité contournerait donc, selon les féministes égalitaires, l'interdit de la discrimination. Cette tolérance, en effet, camouflerait une incitation à mettre une partie de la population (les femmes) au service de l'autre (les hommes).

Nancy Fraser reconnaît que le problème n'est pas simple. Elle juge pourtant que le concept d'égalité indifférenciée aboutit à une impasse pour trois raisons :

- il ignore la nécessité du travail lié aux soins ;

- il ignore la diversité des choix et des aspirations ;

- il fait du travail rémunéré la norme universelle (et «masculine») du prestige et du succès.

Pour Fraser, l'équité répond mieux aux besoins divers de la société parce qu'elle est capable de faire coexister des valeurs diverses. Ces valeurs sont, notamment :

- le respect égal des femmes et des hommes ;

- l'égalité des ressources et des moyens d'action ;

- l'équité dans la participation sociale ;

- un décentrage des valeurs masculines, notamment en ce qui concerne le prestige des différentes occupations sociales.

À quoi pourrait ressembler une politique familiale québécoise qui tiendrait compte du fait que les individus ne sont pas uniquement des travailleurs et notamment que plusieurs femmes désirent ou doivent, pendant certaines périodes de leur vie, consacrer leur temps à prodiguer des soins à leur entourage ? Pour Nancy Fraser, des politiques équitables comprennent :

- des programmes qui assurent la subsistance des personnes qui prodiguent des soins, et ce, jusqu'au niveau d'un salaire à temps complet suffisant pour soutenir une famille entière ;

- la compensation, durant les années passées à prodiguer des soins, des autres bénéfices liés au travail rémunéré, tels que les assurances et les RÉER ;

- des programmes de réinsertion au travail rémunéré offerts au terme de la période consacrée aux soins. (Il s'agit là d'un point crucial.)

Au fond, écrit Fraser, le fait de prodiguer des soins devrait être valorisé et soutenu au même titre que le fait d'occuper un emploi rémunéré. Des ressources publiques colossales sont consacrées à la création et au maintien d'emplois rémunérés desquels dépend la subsistance de la majorité des citoyens. Il n'y a aucune raison autre qu'idéologique pour que l'État ne soutienne pas directement la subsistance des personnes qui prodiguent des soins à leurs proches.

Alors voilà. Selon cette vision, les politiques familiales québécoises actuelles, malgré leurs indéniables avantages, peuvent être envisagées sous un angle un peu moins réjouissant. Contribuent-elles réellement à modifier la société patriarcale construite et pensée par les hommes ? Libèrent-elles les femmes des contraintes qui ont toujours été imposées à leur comportement ? Ces questions méritent au moins d'être posées.

Ce qui est vrai

Il ne peut y avoir au Québec, en 2014, de véritable égalité d'occupation entre les femmes et les hommes parce que les mères sont beaucoup plus attachées que les pères à contribuer concrètement et physiquement au bien-être affectif de leurs enfants. Les lois, les discours ou les idéologies parviennent mal à atténuer les injustices découlant de l'attachement et du sentiment de responsabilité – excessif ? – des mères.

Le féminisme a compris depuis longtemps que la pierre d'achoppement du raisonnement fondé sur l'égalité est la maternité. Les femmes et les hommes ne sont pas tout à fait identiques – malgré la profusion d'écrits féministes qui s'attachent à montrer qu'ils le sont… presque – parce que les femmes peuvent mettre des enfants au monde et les hommes, non. La stratégie féministe a donc consisté à baliser et à circonscrire cette différence dans la mesure du possible. À la rendre la plus petite et la plus insignifiante possible, autrement dit.

Or, bien que la conception, la grossesse, l'accouchement et l'allaitement peuvent être encadrés juridiquement, politiquement ou philosophiquement, aucune loi et aucune idéologie ne peut circonscrire ce qu'une mère humaine ressent pour ses enfants et le fait que les pères humains ne ressentent pas *le même* élan. Que cette émotion soit innée ou acquise ne change rien à l'affaire, parce que les lois et les idéologies n'ont que des impacts superficiels sur ce que des millénaires de culture et des millions d'années d'évolution ont imprimé dans la conscience des êtres humains.

La plupart des femmes d'aujourd'hui savent et comprennent qu'elles ont le droit d'être des mères qui travaillent contre rémunération et qui voient relativement peu leurs enfants, et que les pères sont des substituts tout à fait satisfaisants de ce qu'elles ont accompli depuis toujours auprès d'eux. Mais un sens souterrain, profond, qu'elles-mêmes qualifient parfois de primitif, continue de leur chuchoter qu'une mère – plus qu'un père – a le besoin ou le devoir de se tenir proche de son enfant, et que personne aussi bien qu'elle ne peut accomplir cette fonction.

Qualifier cette émotion de réactionnaire, de naturaliste, d'aliénée ou de sexiste est à mon sens une erreur, voire un déni de ce que plusieurs femmes ressentent et tentent avec intelligence d'accorder avec les conceptions actuelles de la société.

À table, l'autre soir. Une amie, séparée et mère de deux jeunes enfants, raconte que leur père vient de lui demander une fois de plus qu'elle «prenne» les enfants alors que c'est «sa semaine» à lui. Comme bien des mères séparées, mon amie (une professionnelle qui a toujours travaillé à temps plein en échange d'une très bonne rémunération) éprouve des difficultés financières. Elle se plaint des frais supplémentaires qu'elle doit constamment débourser parce que ses filles sont plus souvent chez elle que ce qui a été convenu en cour, alors que son ex-conjoint refuse catégoriquement toute tentative d'accommodement financier lorsque c'est elle qui en fait la demande sous prétexte qu'«il y a eu jugement». Parce qu'il est touché par la situation que décrit mon amie, mon mari s'emporte:

«Mais si c'est sa semaine, refuse de prendre les enfants, franchement!» Mon amie et moi nous exclamons à l'unisson:

— Mais jamais une femme ne ferait ça!

— Pourquoi pas? répond mon mari. Tu joues son jeu! Il s'en tire beaucoup trop facilement!

— Parce que si je ne prends pas les enfants, lui, il ne renoncera pas à son rendez-vous pour autant. Il va les faire garder par n'importe qui, sa nièce de onze ans ou sa voisine alcoolique.

— Eh bien, qu'il le fasse! s'entête mon conjoint.

Nous le contemplons, consternées.

*

Les hommes québécois – tout féministes, paternels, évolués qu'ils soient – continuent de tirer parti du fait que les femmes font du bien-être de leurs enfants une priorité absolue et qu'elles sont prêtes à sacrifier des acquis durement gagnés afin de s'assurer que leurs enfants ne manquent de rien. Qu'elles touchent elles-mêmes un salaire ou non ne change rien à l'affaire : bien des femmes sont prêtes à renoncer à une grande partie de ce qui leur revient de droit lorsque leurs enfants sont concernés. La plupart des femmes, qui plus est, préfèrent vivre chichement qu'être séparées de leurs enfants.

Les féministes, certes, ont fait des gains dans la dissémination de l'idéologie qui demande aux femmes d'accorder moins d'importance aux soins des enfants. « Ne vous attachez pas tant à vos enfants ! Les hommes ne le font pas ! Ne soyez pas des oies ! Pensez à votre intérêt ! Vos enfants sont en sécurité ! Ils vont bien ! Ne vous inquiétez pas constamment pour eux ! »

Mais les féministes constatent elles-mêmes à quel point le don de soi, l'entraide sans calcul et la générosité ne s'extirpent pas sans mal. Alors que les hommes ne partagent souvent qu'une partie de leur salaire avec leur famille (et investissent le reste dans leurs loisirs personnels ou des RÉER tout aussi personnels), statistiquement, les femmes consacrent souvent une part démesurée de leur argent aux cadeaux, dépassent le budget d'épicerie, paient des vacances à la famille entière et dépensent beaucoup pour que les enfants suivent des cours et soient aussi bien habillés que leurs amis dans la cour d'école. Autrement dit : les femmes ont beau travailler sans relâche contre rémunération, cela ne garantit en rien qu'elles s'en tirent mieux à l'approche de la retraite ou de la séparation, ou qu'elles ne s'endettent pas.

*

Alors non, aucune idéologie n'est en passe de convaincre les femmes que leurs enfants n'ont pas besoin d'elles d'une manière particulière et que prodiguer des soins et faire preuve de générosité sont des comportements sots parce qu'ils ne rapportent aucun avantage financier. Et si un jour on y parvient, cela constituera peut-être un avancement pour l'indépendance financière des femmes, mais cela pourrait aussi signifier la perte d'un pan important des traditions morales que se sont transmises les femmes, d'une génération à l'autre, depuis les tout débuts, peut-être, de l'humanité.

Incombe-t-il aux mères de materner?

La réponse à cette question est non. Ce n'est pas parce que les femmes sont seules capables de porter, de mettre au monde et d'allaiter un enfant qu'il leur appartient nécessairement à elles, et à elles seules, de le materner. Les hommes peuvent le faire aussi bien que les femmes. Aussi bien qu'elles, ils peuvent apprendre à le faire, en y mettant une bonne dose de compassion, d'amour, de don de soi et de responsabilité. À la différence des féministes toutefois, je ne crois pas qu'ils le doivent nécessairement.

Le souvenir que j'ai raconté au début de ce livre n'est qu'un des innombrables témoignages du besoin poignant qu'ont les petits d'humains de leur mère – jusqu'à tard dans l'adolescence. Ce n'est pas de mon père dont je m'ennuyais de façon si douloureuse lorsque je me suis expatriée à Hambourg, à quinze ans. En dépit du fait que ma mère a travaillé à temps plein durant toute mon enfance et même si j'entretenais depuis toujours d'excellents rapports avec mon père, c'est ma mère qui me manquait. C'est son absence à elle qui me faisait sentir toute petite et démunie à 6000 kilomètres de mon foyer. Pour pallier cette absence, ce n'est pas auprès de mon père d'accueil que je me réfugiais, bien qu'il fît preuve de beaucoup de bienveillance envers moi. Non. C'était ma mère d'accueil qui me procurait le réconfort, l'amour et la chaleur indispensables au succès de mon adaptation.

Je ne dis pas qu'il n'aurait pas pu en être autrement, qu'un père d'accueil n'aurait pas pu combler ces besoins. Mais le fait est que j'hésite : est-ce qu'une mère et un père, c'est la même chose ? Est-ce que ça peut, est-ce que ça doit l'être ?

Les féministes s'efforcent consciencieusement de démontrer que les pères sont, *dès le départ*, aussi qualifiés que les mères pour materner et qu'ils jouent un rôle crucial auprès de leurs enfants. Mais leurs preuves, à ce jour, ne sont pas concluantes. (Pas plus, du reste, que celles qui cherchent à démontrer que les mères sont surtout faites pour materner.) De fait, les éléments mis de l'avant par les féministes au sujet de l'importance cruciale de la présence des pères auprès de leur bébé plaident aussi en faveur d'une présence des mères. Autrement dit, en s'efforçant de démontrer que les enfants ont besoin de leur père dans le but de convaincre ceux-ci d'investir autant de temps que les mères auprès d'eux, les féministes admettent implicitement, non seulement que la présence des mères auprès de leur nourrisson est importante, mais qu'elle est la référence de la participation des pères : une présence idéale.

Bien sûr les récits de vie, la littérature et les sciences humaines véhiculent des notions culturelles qui ne constituent pas des preuves d'une contrainte incontournable de la biologie. Ce n'est pas parce que dans la quasi-totalité des sociétés et des civilisations, les enfants ont eu besoin de leur mère – et les mères, de leurs enfants – que la nature impose nécessairement aux mères de materner leurs enfants.

Toutefois, en avançant que « si ce n'est pas biologique, ce n'est pas important », on est bien près de tomber dans le piège même qu'on cherche à éviter : donner une importance démesurée à la biologie. Autrement dit : qu'un comportement puisse être acquis, culturel, social, ne le rend pas moins incontournable.

Posons donc que le besoin réciproque des mères et des enfants et les tragédies œdipiennes qui éclatent lorsqu'il n'est pas assouvi sont à la fois un fait de nature et un fait de culture.

*

Je me souviens du choc que m'a causé la compréhension de ce que les différences entre les femmes et les hommes sont presque entièrement construites par la société. Plusieurs personnes ne sont pas prêtes à admettre ce qui constitue pourtant un fait avéré : la quasi-totalité des particularités des deux sexes ne sont pas le fait de la biologie.

Je les comprends. Ouvrir son esprit à l'idée que la différence sexuelle ne repose sur (presque) rien de biologique demande un effort comparable à l'émancipation de la pensée humaine du géocentrisme. Une seule humanité asexuée. Femmes et hommes pareils, nous habillant uniformément, accomplissant les mêmes besognes, pensant les mêmes pensées. C'est, à peu de chose près, ce que nous serions si la culture ne nous encombrait pas de ses préjugés.

La délicatesse, le charme, la passivité, la séduction, l'empathie, la compromission, le pacifisme, la maternité, les rondeurs, le goût des enfants, la parure, la fantaisie, la créativité, la sensibilité, une manière moins confrontante de gouverner : les femmes ne possèdent pas inévitablement ces caractères.

Ce n'est pas non plus pur fait de nature si, d'aussi loin que je m'en souvienne, j'ai été attirée par la carrure, la taille, la force, la voix de basse, la mâchoire bien définie et la domination sexuelle des hommes, et si ces caractéristiques viriles inspirent en moi un sentiment de sécurité. Non. C'est ma société qui m'a appris à considérer que les hommes sont ainsi. Et à les désirer ainsi. Je me souviens d'avoir pensé, en le comprenant : « ne subsiste-t-il donc aucun mythe, aucune illusion ? » Comment vivre sans projeter nos fantasmes sur l'autre moitié de l'humanité ?

Pour le féminisme, la division des humains en deux sexes jugés naturellement et irrémédiablement différents est une construction sociale qui sert de prétexte au patriarcat pour justifier et maintenir les inégalités sur lequel il se fonde. L'idée que les femmes sont naturellement mieux disposées que les hommes à s'occuper des enfants serait l'une de ces notions qui conduit à créer et à légitimer des inégalités. Pour le féminisme, chaque fois que les humains attribuent des caractères différents à certaines choses, c'est dans le but de les hiérarchiser.

Ce qui est différent, pensent donc les féministes, est nécessairement supérieur ou inférieur, et cette hiérarchie favorise forcément les dominants, c'est-à-dire les hommes. Elles ont de solides raisons historiques de se méfier, je le reconnais. Je pense toutefois qu'il faudrait consacrer nos efforts à l'abolition de cette hiérarchisation plutôt qu'à la négation des différences.

*

Avec une amie proche, durant l'automne 2012, j'ai suivi la série *Borgen, une femme au pouvoir*. Il s'agit de la vie de Birgit Nyborg, Première ministre du Danemark et, incidemment, mère de deux enfants. Incidemment ? C'est la trame de la série. Bien que de nombreuses intrigues politiques jalonnent les épisodes, la seule, l'unique question que se posent les téléspectateurs de la première à la dernière scène est celle de la conciliation famille-travail. Birgit peut-elle être à la fois première ministre et mère ? Première ministre et conjointe, amante ?

Mon amie est dans la soixantaine. Elle a enseigné à temps plein pendant plusieurs décennies et n'a pas eu d'enfants. Alors que de semaine en semaine, il devenait de plus en plus évident que Birgit, à travers les scandales, les urgences, les heures interminables passées à Christiansborg et les catastrophes imprévues, ne parviendrait pas à «tout avoir», sommet du pouvoir et rapports familiaux sereins, mon amie s'est écriée :

— Mais à quoi elle pense ! Délaisser ses enfants comme ça ! C'est son mari qui fait tout, elle n'est jamais là !

— Elle ne les délaisse pas, osai-je timidement. Elle a une entente avec son mari : pendant les années où elle dirigera le gouvernement, c'est lui qui passera ses soirées à la maison. (Il continue d'enseigner pendant le jour.) Dans quelques années, elle prendra la relève. Ce sera alors au tour du mari de mettre les bouchées doubles pour l'avancement de sa carrière.

— Mais les enfants ont besoin de leur mère, voyons !

Mon amie n'en démordait pas : selon elle, donc, un père peut seconder une mère. Il peut la remplacer temporairement. Il peut poser les mêmes gestes qu'elle, être attentif aux besoins de ses enfants, les aimer et les materner. Il peut partager les tâches liées aux soins équitablement. Mais il ne peut pas être *une mère*.

Mon amie est-elle en proie à un essentialisme exacerbé ?

Biologie évolutionniste

Le féminisme, depuis longtemps, se méfie de la biologie évolutionniste. «La dérive vers l'utilisation abusive de la biologie pour expliquer les différences entre les sexes reste une vraie menace pour la démocratie», écrit, par exemple, Louise Cossette. L'anthropologue et primatologue américaine Sarah Blaffer Hrdy, qui a elle-même fait carrière et mis trois enfants au monde à une époque où cela n'allait pas de soi, explique qu'elle s'est longtemps sentie décontenancée par la hargne féministe envers son champ de recherche et de connaissance. Une professeure me confiait récemment: «Ce que je ne peux pas supporter, c'est qu'on nous ressorte la préhistoire chaque fois qu'on discute de maternité.»

Car, au grand dam des féministes, la biologie évolutionniste est parvenue à s'imposer dans les représentations que se font plusieurs personnes de ce que sont les êtres humains. Instinct maternel, agressivité masculine, division sexuelle des tâches: cela résulterait de mécanismes archaïques d'adaptation qui ont fait que nous avons été capables de nous reproduire dans des environnements hostiles il y a des millions d'années.

Pour les féministes, au contraire, il ne devrait pas être permis d'écrire «instinct maternel» sans guillemets. Le féminisme combat la plupart des prétentions à attribuer des causes naturelles à nos comportements.

Il n'est donc pas étonnant que les discussions au sujet de l'instinct maternel et de la prédisposition des femmes à materner leurs enfants aboutissent le plus souvent à des accusations soit d'antiféminisme, soit d'endoctrinement féministe. «Paresse intellectuelle», «persistance de mythes absurdes», «tripotage de faits», «discours qui sent la propagande à plein nez»...

Dans *Les instincts maternels,* Blaffer Hrdy explique comment et pourquoi la biologie évolutionniste permet de penser que des déterminismes liés à l'attachement qu'éprouvent les mères humaines pour leurs enfants ont contribué au succès de l'espèce humaine. Je n'étalerai pas ici les éléments de preuve qu'elle expose. Ce qu'il importe de comprendre, c'est qu'en matière évolutionniste, les preuves sont circonstancielles et les certitudes n'existent pas.

Cela n'empêche pas les féministes d'utiliser ce qu'elles considèrent comme des failles dans le raisonnement des théories bio-évolutionnistes pour tenter d'imposer, auprès de la population, l'idée que l'instinct maternel n'existe pas. Il s'agit là d'une véritable stratégie de communication pour contrer le discours adverse (qui n'est pas celui de Blaffer Hrdy, mais des conservateurs et des fondamentalistes religieux), celui qui pose la maternité comme une évidence biologique et une obligation. Comme toutes les offensives médiatiques, le discours féministe au sujet de la non-existence de l'instinct maternel tourne les coins ronds. Heureusement, quand on scrute leurs arguments de près, on s'aperçoit que plusieurs féministes prennent tout de même soin de les formuler pour ce qu'ils sont réellement : «La science n'est pas encore en mesure de prouver hors de tout doute que l'instinct maternel existe.» Ce qui est absolument vrai.

Elisabeth Badinter, l'auteure de *Le conflit, la femme la mère,* refuse elle-même d'affirmer de façon péremptoire que «l'instinct maternel n'existe pas». «Pour répondre à Sarah Hrdy, explique-t-elle en entretien avec Anne Crignon dans *Le Nouvel Observateur,* je n'ai jamais pensé qu'il n'y avait "aucun fondement naturel et biologique dans la maternité", je ne suis pas complètement idiote.»

Il est vrai que non seulement les féministes, mais les scientifiques «non-alignés» eux-mêmes ont fort à faire pour expliquer au public que le débat est loin d'être clos et qu'on ne sait toujours pas avec certitude si l'instinct maternel existe. D'autant plus que certaines des parties impliquées dans le débat désirent âprement voir confirmer qu'il existe bel et bien. Cela contribue indéniablement à une diffusion tendancieuse des arguments.

Il est néanmoins frappant de constater le caractère dogmatique de la position qu'adopte le féminisme dans cette affaire. Discutant de la possibilité que l'ocytocine, hormone sécrétée pendant et après la naissance, joue un rôle déterminant dans le déclenchement d'une «pulsion maternante», le féminisme glisse du fait que ce rôle n'a pas été prouvé hors de tout doute à l'affirmation qu'il s'agit d'une preuve au moins circonstancielle de ce qu'il n'existe pas. La similitude avec les arguments créationnistes est frappante : pour ces derniers, en effet, la science ne peut pas être crédible parce qu'elle n'est pas encore parvenue à tout démontrer et à tout expliquer. Pour certaines féministes, l'instinct maternel n'existe pas parce qu'il n'a pas été démontré hors de tout doute.

En attendant la clôture du débat (ça risque d'être long), ce qu'il importe avant tout de comprendre pour nous, les femmes, c'est que «la nature» nous prédispose *jusqu'à un certain point* à materner. Il faut le reconnaître et en être consciente afin d'être en mesure de résister aux pressions sociales qui utilisent cet instinct pour tenter de nous dicter des conduites.

Que les femmes soient disposées par nature à materner n'entraîne pas qu'elles doivent se consacrer exclusivement à la maternité et que les hommes ne doivent pas y toucher. Cela n'implique pas non plus que toutes les femmes soient pourvues de manière identique de leur «équipement maternel», ni qu'elles l'utilisent de la même façon. Ici encore, nature et culture interagissent étroitement.

*

Et les éducatrices en CPE? Est-ce qu'elles peuvent contribuer de façon saine et significative au maternage? Évidemment.

Il semble que les théoriciennes et théoriciens de l'attachement, de nos jours, en arrivent à la conclusion que le développement des enfants s'épanouit au mieux au sein d'un «système familial à multiples attachements». Une mère ne doit pas être seule à prendre soin de son enfant. Sa tâche est colossale et à vrai dire, vouée à l'échec si elle ne s'entoure pas d'un réseau de personnes bienveillantes pour la seconder. Ce qu'il faut, ce sont des cercles concentriques de personnes aimantes autour de l'enfant. «La femme prend soin de l'enfant et l'homme prend soin de la femme», écrit l'auteure québécoise Mylène Bouchard, décrivant une façon parmi d'autres d'envisager l'organisation sociale autour de l'enfant. En accompagnement à la naissance, l'accompagnante offre réconfort, encouragement et présence en soutien au rôle des parents. Dans *Mothers and Others*, Sarah Blaffer Hrdy ne dit pas autrement.

Un enfant dont les parents travaillent sans relâche peut se développer de façon harmonieuse auprès de figures d'attachement saines, présentes et aimantes. Mais que nous passions le plus clair de notre temps auprès de notre bébé ou que nous le confiions à un CPE, une chose demeure: les mères, dans un monde parfait, selon l'expression du psychanalyste Yvon Gauthier dans *Une enfance pour la vie*, demeurent le personnage central dans le développement des enfants. Ignorer ce fait sous prétexte qu'il nous culpabilise est irresponsable. En reconnaître l'importance permet de réfléchir au sens que nous désirons accorder aux différentes composantes de notre vie et de faire les choix qui nous conviennent, ainsi qu'aux membres de notre famille.

L'évidence

Les femmes seraient donc au moins un peu mieux conçues que les hommes pour materner. *Il y a ceux que cette affirmation choque et ceux qui la tiennent pour une évidence.* Mais c'est toute notre société qui y adhère de manière plus ou moins implicite. Considérons, par exemple, la façon dont Monique Jérôme-Forget envisage le rapport des Québécoises à la maternité (je souligne):

> La réalité des femmes est différente de celle des hommes. *C'est un fait incontournable.* Environ quatre femmes québécoises sur cinq enfanteront un jour. Selon le nombre d'enfants qu'elles auront, elles *devront* s'absenter temporairement du marché du travail à une ou plusieurs reprises au cours de leur carrière. Pendant quelques années, elles devront aussi tenter de concilier leurs obligations professionnelles avec leurs obligations familiales. En dépit des changements d'attitude qui semblent vouloir s'établir avec l'arrivée d'une nouvelle génération de pères, le défi de la conciliation travail-famille ainsi que les absences, répétées ou non, du marché du travail touchent davantage les femmes que les hommes.

Peut-on sérieusement taxer Monique Jérôme-Forget d'essentialisme? Pourtant, en qualifiant le rapport des Québécoises à la maternité d'«incontournable», elle relaie l'idée selon laquelle les femmes sont plus proches du soin des enfants que les hommes et qu'il n'y a rien que l'on puisse accomplir pour modifier de manière fondamentale cette situation. De la part d'une femme qui a passé sa vie à imaginer des politiques publiques qui soutiennent l'accession des femmes à des carrières de haut niveau, c'est pour le moins étonnant.

Et pourtant, pas tant que cela.

Dans leur documentaire *Crée-moi, crée-moi pas*, Marie-Pascale Laurencelle et Geneviève Rioux demandent à des artistes québécoises de renom comment elles concilient leur créativité et leur maternité. Plusieurs créatrices mères de jeunes enfants se succèdent devant la caméra, expliquant à quel point la maternité a transformé leur vie pour le meilleur et pour le pire. Les enfants stimulent, titillent, provoquent et agrémentent la création, ou la sabotent, la perturbent, la cassent et la compromettent. Mais en aucun cas leur présence demeure-t-elle sans effet.

Ce qui est le plus spectaculaire et flagrant dans ce film, toutefois, c'est qu'au terme d'un demi-siècle de féminisme égalitaire, et dans ce milieu social puissamment féministe, aucun homme n'a été poussé devant la caméra afin de s'exprimer au sujet de sa propre conciliation famille-création. Ceux, peu nombreux, qui témoignent dans le documentaire expliquent avec beaucoup d'amour à quel point leur blonde est extraordinaire dans sa capacité à elle de concilier maternité et création. Ils soulignent qu'ils doivent se charger d'une partie des tâches ménagères pour qu'elles y parviennent. Mais il ne vient à l'idée de personne de leur demander ce que ça fait à leur créativité à eux d'être devenus pères. Parce qu'on tient pour acquis que ça ne leur fait rien.

Pas la même chose, en tout cas.

Travailler contre rémunération n'est pas inné non plus

> Ils sont encore relativement rares ceux qui trouvent leur plaisir dans un travail régulier et persistant. Pour la plupart des hommes, c'est encore une servitude insupportable; l'oisiveté des temps primitifs n'a pas perdu pour eux ses anciens attraits.
>
> ÉMILE DURKHEIM

De nombreux sociologues se sont penchés ces dernières années sur le travail rémunéré dans les sociétés occidentales. Ils ont décrit comment les possibilités d'avancement professionnel et la protection sociale, autrefois déterminées par l'appartenance géographique ou de classe à un milieu professionnel relativement stable, sont désormais fonction de la prétendue capacité des individus à inventer eux-mêmes leur succès et leur identité. Au même moment, dans nos sociétés néolibérales individualistes, le travail rémunéré est devenu la condition même de la reconnaissance sociale, de l'identité, de la dignité, du droit au respect et du sentiment d'exister.

Il y a désormais beaucoup de familles au sein desquelles les deux parents (ou le parent unique) travaillent. Ces dernières années, l'augmentation du travail rémunéré des mères de jeunes enfants constituerait une sorte de parachèvement de l'investissement du marché du travail par les femmes. À titre d'exemple, selon l'Institut de la statistique du Québec, le taux d'emploi des mères d'enfants d'âge préscolaire est passé de 64,6 % en 1999 à 72,3 % en 2008. Cette évolution est souvent identifiée comme une victoire importante du féminisme. Elle s'accompagne d'une transformation de la norme en matière de travail des parents au Québec. Dans la classe moyenne, on peut affirmer que le travail rémunéré des deux parents d'enfants même très jeunes est devenu la norme.

Le travail rémunéré est une valeur fondamentale de la société nord-américaine. Son importance est absolue, inattaquable. Il oriente les décisions politiques, économiques et sociales. Il établit le cadre de la morale et de la dignité. Travailler, occuper un emploi ou au moins montrer qu'on se démène corps et âme afin d'en dénicher un, équivaut, pour un adulte de notre époque, au fait, par le passé, de fréquenter l'église chaque dimanche et de se confesser. Il s'agit d'une caution éthique, d'un gage de légitimité, de la condition *sine qua non* de l'acceptation sociale. La chroniqueuse Josée Blanchette citait en 2005 l'anthropologue Bernard Arcand :

> Notre valeur principale est celle du travail rémunéré. Il y a des fous de Dieu ; nous sommes des fous du travail. C'est une hérésie que de ne pas avoir un emploi, et ça prend beaucoup de courage pour résister au courant.

Ce que je vais maintenant écrire est à la fois une évidence et un fait occulté : le fait d'accorder une grande valeur au travail rémunéré n'est pas inné. Travailler contre rémunération afin d'éprouver un sentiment d'indépendance et de se réaliser n'est pas une caractéristique inscrite dans les gènes de notre espèce. C'est un fait de société.

Dès lors, de la même façon que le Québec, dans les années 1960, s'est brusquement affranchi de l'emprise de l'idéologie catholique, il est possible d'imaginer une société qui se libère de l'obsession du travail rémunéré.

Dans son célèbre ouvrage *L'éthique protestante et l'esprit du capitalisme*, Max Weber a expliqué que la valeur suprême accordée au travail par les sociétés occidentales est en quelque sorte l'invention du protestantisme : comme notre salut est déterminé d'avance, on peut considérer que le succès de nos affaires est une preuve de notre élection, et que la meilleure façon d'honorer Dieu consiste à être industrieux.

Bien que Dieu, dans notre société sécularisée, n'a évidemment plus grand-chose à voir avec notre rapport au travail, la transcendance que nous accordons au travail et ce pouvoir que nous lui octroyons de déterminer l'ensemble des décisions qui contrôlent notre société et nos vies continuent d'être doctrinaux.

Dans un article formidable qui est devenu un classique, Nancy Fraser et Linda Gordon ont montré que le travail rémunéré en tant que synonyme de la dignité humaine est une idée qui s'est imposée aux sociétés occidentales à travers l'emprise croissante du capitalisme et n'est donc pas un fait de nature. (Qu'il faille établir cela!) De fait, jusqu'à récemment, le travail était réservé à celles et à ceux qui n'avaient pas la possibilité de faire autre chose de leurs journées. On disait alors de ces gens qu'ils dépendaient d'un salaire.

«Dépendaient», oui. Et on ne trouvait pas qu'il s'agissait là d'un merveilleux bienfait. De fait, pendant plus de deux siècles à partir de la première révolution industrielle du tournant du XVIIIe siècle, des penseurs progressistes ont fait de la dépendance envers le salariat l'un des obstacles principaux à la dignité des personnes. Mis à part le fait notoire que le travail rémunéré s'est d'abord effectué dans des conditions abominables (journées interminables, salaires de misère, hygiène déplorable, enfants mis très tôt à contribution, etc.), les philosophes des derniers siècles étaient sincèrement préoccupés par l'avilissement qui résultait de la marchandisation de la capacité de travail des êtres humains.

Il ne s'agit pas de diaboliser le travail rémunéré contemporain, dont il est prouvé qu'il peut apporter des bénéfices importants et indéniables lorsqu'il s'accomplit dans des circonstances dignes et favorables. En plus de la reconnaissance sociale, de l'accomplissement de soi et du sens qu'il peut donner à l'existence, il contribue évidemment à la sécurité financière des travailleurs, y compris des femmes.

Mais j'insiste: le travail n'est pas la panacée qu'on croit à la dépendance financière, au mal de vivre, au manque d'estime de soi, à l'inégalité entre les sexes, à l'anomie, à la pauvreté post-divorce et aux mille autres maux que l'on prétend guérir en assignant à chacun son emploi permanent. De fait, le culte que nous vouons au travail est responsable de bien des angoisses. Le trouver. Le conserver. Le perdre. En trouver un autre. Gagner assez pour consommer. Être évalué. Mériter un bon salaire. Se soucier du jugement des collègues. Combien d'entre nous ne savent plus imaginer leur vie sans le don quotidien de leur temps, de leur créativité et de leur force vitale à leur employeur? Combien d'entre nous ne savent même plus que le travail est une idée comme une autre et que de nombreuses sociétés dans l'histoire de l'humanité se sont déployées sans contraindre chacun de ses membres, chaque jour, à afficher une occupation professionnelle «digne de respect»? Combien ignorent que la capacité du travail à améliorer notre société et nos vies dépend de notre capacité à s'y consacrer avec équilibre et modération?

La consommation d'antidépresseurs, ces années-ci, atteint des niveaux inégalés, et ce, même si plus de 85% de la population occupe désormais un emploi rémunéré. Avoir un emploi aide certaines personnes à donner du sens à leur vie, à se donner une identité et à se sentir utile. Mais de toute évidence, l'effet protecteur du travail rémunéré ne se fait pas ressentir de la même façon pour chacun d'entre nous.

Comme je l'ai fait dans le bureau de la médecin, j'affirme souvent sans y accorder de signification particulière que je ne travaille pas. La réaction est chaque fois immédiate, quasiment indignée: «Mais tu travailles, voyons!» Même sans savoir de quelle façon concrète j'occupe mes journées, les gens veulent absolument penser que je ne me tiens pas devant eux folle, nue, sans occupation – sans identité. Je travaille, voyons! Je ne suis pas de ces personnes aux contours flous qu'on ne sait pas catégoriser!

Soirée d'anniversaire d'une amie. Des femmes que je connais, d'autres pas:

— Et toi, Annie, qu'est-ce que tu fais dans la vie ?

— Je suis mère au foyer.

Intervention instantanée d'une amie de longue date qui a entendu notre conversation : « Annie, franchement ! Tu n'es pas mère au foyer ! Tu écris des articles pour ton blogue. Tu ne peux pas dire que tu ne travailles pas ! »

Dans certaines sociétés, il est impossible d'affirmer son athéisme. Les gens se bouchent les oreilles ou conspuent votre grossièreté si vous le faites tout de même. C'est la même chose, dans nos contrées, avec le fait de se déclarer sans travail.

C'est important pour moi de pouvoir affirmer sans qu'on me rabroue : je suis une mère au foyer. Parce que, de loin, c'est le terme qui revêt le plus de signification pour moi. Mon identité ? Je suis mère au foyer. Ma société est-elle capable d'accepter et de respecter cela ?

Je n'ai jamais travaillé à temps plein contre rémunération. J'accomplis des choses qui peuvent être socialement qualifiées de dignes, honorables, méritantes, c'est vrai. J'écris. J'étudie. Et lorsqu'à l'occasion je suis chargée d'enseigner un cours au cégep durant une session ou une année, j'ai quelque chose de tangible à quoi m'accrocher. « Tu travailles ! Tu vois bien ! »

Peu de gens semblent comprendre la fierté que je retire du fait de ne pas travailler – au point de ne pas comptabiliser les centaines d'heures que je passe derrière mon ordinateur chaque année. Les gens semblent surtout choqués par mon refus d'apporter des preuves concrètes de mon travail. Je suis chaque fois amusée et touchée de voir qu'ils se chargent alors eux-mêmes, spontanément, d'assurer ma « défense » : « Voyons voir. Tu fais ceci. Tu accomplis cela. Tu as des enfants. Tu vois bien que tu travailles ! »

J'aime l'idée de ma liberté absolue face au travail, même si je sais qu'elle n'est qu'une idée. Je suis fière de ma capacité à prendre mes distances d'avec la norme sociale du travail rémunéré et de me demander, seule face à moi-même, ce que le travail représente à mes yeux et la place que je désire lui accorder. Je suis fière de mon autonomie. Du courage que demande ma subversion.

Certains enfants naissent au sein de sectes et consacrent des efforts inouïs pour se libérer, à l'âge adulte, des convictions insensées qui leur ont été martelées : « Tu vas être foudroyé par Dieu si tu oses nous contester » ; « Tu vas brûler en enfer » ; « Tu es condamné aux pires tourments. »

Il me semble que certains d'entre nous, angoissés et épuisés par des vies qui ne leur conviennent pas, auraient intérêt à affronter avec lucidité le même type de questionnement effrayant : est-ce que je crois, moi, à la nécessité absolue du travail rémunéré ? Est-ce que j'accepte d'offrir ma vie entière à ce qui ne constitue finalement qu'une idée ? Qu'est-ce que mon travail nous apporte, à moi et à ma société, concrètement ? Dans une société libre et démocratique, les réponses devraient pouvoir varier à l'infini.

Une amie à la maison, par exemple : « Oui, parfois, je pense à ce que serait ma vie si je me remettais à travailler, mais alors, je pense à mon ancien travail, à la façon réelle dont il encadrait ma vie, aux exigences, aux négociations avec une patronne, au cadre imposé dans lequel je devais déployer mes talents et ma créativité, aux vacances limitées, bref, au bris de liberté, et je me dis : non. »

Quant à moi, j'occupe mes journées, c'est entendu. Je ne suis pas avachie devant la télé. Je mets une grande partie de mes capacités au service de ma famille et de ma communauté. Mais je n'appelle pas cela « travailler » parce que dans l'idée de travail, il y a celle d'une dépendance à un salaire déterminé. Il y a celle de la marchandisation de mes capacités. Il y a celle de la détermination de la valeur de ce que j'accomplis par une personne ou une instance qui m'est extérieure et que je ne peux pas contrôler. Il y a la difficulté d'établir ma propre satisfaction à l'égard de ce que je fais. Dans l'idée de travail, il y a celle de la contrainte et du renoncement à la liberté. À la lenteur. À l'espace et au temps nécessaires à l'engagement politique ou à la créativité. La difficulté d'avancer à mon rythme et d'occuper chaque journée de la façon qui me semble la plus appropriée.

On m'opposera sans aucun doute qu'il est facile d'afficher un tel désintérêt pour le travail rémunéré quand on en a le luxe. Tout le monde n'a pas la chance de pouvoir s'en passer! Et puis, est-ce que je ne dépends pas moi-même d'un travail rémunéré, celui de mon conjoint?

Plus loin, j'explorerai les idées de revenu nécessaire à la vie bien vécue, de la mise en commun des revenus familiaux et des raisons autres que financières qui peuvent convaincre les gens de travailler contre rémunération. Rappelons tout de même ici que le fait d'occuper un emploi rémunéré ne prémunit pas nécessairement contre la pauvreté. Le phénomène des «*working poor*», les travailleurs pauvres, est en explosion aux États-Unis et il croît ici aussi. Rappelons également que dans une société qui glorifie le travail rémunéré, les personnes qui ne travaillent pas contre rémunération ont tendance à être ignorées. Il ne s'agit pas là d'un problème purement philosophique ou anodin. Qu'arrive-t-il lorsque les entreprises ferment, font faillite ou déménagent, ou lorsque les travailleurs perdent leur capacité de travail à cause d'une maladie, d'un accident ou de la nécessité de prendre soin d'un proche? Comment, alors, convaincre ces personnes de leur dignité lorsqu'on leur a inculqué qu'elle ne pouvait résider que dans leur capacité à accomplir un travail rémunéré?

Et puis, la vérité, bien sûr, c'est que nous dépendons toutes et tous les uns des autres afin d'assurer notre sécurité et notre survie. Lorsque Pauline Marois annonce des investissements de 2 milliards de dollars pour créer 43 000 emplois, c'est l'argent de nos impôts qu'elle utilise afin d'assurer la subsistance de tous ces travailleurs. Petit calcul rapide : c'est plus de 46 000 dollars par emploi que nous déboursons alors collectivement.

Par ailleurs, peut-on imaginer que certaines personnes, pour des raisons diverses, y compris psychologiques, physiques ou morales, ne souhaitent pas organiser leur existence selon le mode du travail salarié ou n'y parviennent que péniblement? Peut-on concevoir que certaines personnes ne se déploient au mieux que dans des univers alternatifs tels que le bénévolat, l'autosuffisance (partielle), la simplicité volontaire, l'art, les études ou le travail domestique? Au nom de quelle vérité philosophique irréfragable fait-on du travail la principale assise de la dignité des personnes ?

Bon an, mal an, des sondages nous apprennent certes que la plupart des mères aiment leur travail rémunéré, mais aussi qu'un nombre important d'entre elles quitteraient volontairement leur emploi afin d'être à la maison auprès de leurs enfants si elles jugeaient avoir les moyens financiers de le faire. Se pourrait-il que certaines mères ne travaillent contre rémunération qu'en raison de ce qu'elles perçoivent comme une absence de choix, et non, comme on voudrait le croire, parce qu'elles y trouvent un formidable accomplissement ?

Je connais des femmes qui ont passé leur vie à travailler contre salaire, des femmes de la génération de ma mère, qui ont cru à l'idéal féministe d'être autonome et de mettre leur identité entière dans leur travail. Certaines de ces femmes sont des professeures d'université, des cardiologues, des avocates, des conférencières ou des gestionnaires. D'autres ont des emplois moins prestigieux et y sont heureuses aussi. D'autres toutefois sont divorcées et amères. Une femme qui m'est chère en particulier, et qui toute sa vie n'a juré que par son travail, s'est retrouvée profondément déprimée dans la cinquantaine. Au mitan de la vie, sa retraite, même prématurée, lui semblait encore désespérément lointaine. Elle a mis des années à retrouver un sens à sa vie, une idée de sa dignité.

Quel sens y a-t-il à travailler jusqu'à l'exténuation pour ensuite bénéficier d'un an, parfois plus, de congé de maladie ?

Quel sens y a-t-il à offrir ses forces et ses meilleures années au grand capital pour que les riches s'enrichissent encore plus pendant que son propre pouvoir d'achat recule plutôt que d'augmenter ?

Quel sens y a-t-il pour un couple à vivre tous les jours chacun dans son silo pour se retrouver – avec un peu de chance – le samedi matin, à lire le journal chacun dans son coin ?

Quel sens y a-t-il à placer ses enfants en garderie à temps plein – parfois plus que plein ?

Il ne s'agit pas de juger, mais de poser la question. Oui : y a-t-il un sens à tout cela ? Pour certaines, sans doute. Pour la plupart, peut-être. Mais pas pour toutes et cela se comprend. Certains sociologues évoquent la possibilité de rejeter la centralité du travail rémunéré en fondant la dignité et la sécurité des personnes sur le statut de citoyen et non sur celui de travailleur. Cette façon d'envisager l'organisation sociale aboutit notamment à des idées telles que celle du « revenu de citoyenneté ». D'autres auteurs comme Catherine Hakim n'hésitent pas à écrire que, d'une part, le travail rémunéré ne constitue qu'une sphère comme les autres de la vie des personnes et que, d'autre part, les individus veulent pouvoir bénéficier de périodes de non-travail lorsque leur vie personnelle leur demande des investissements importants dans d'autres sphères, notamment pour les soins de leurs proches. Certaines auteurs, tels que Daniel Mercure et Mircea Vultur, pensent qu'un désenchantement important affecte désormais le travail rémunéré, au point qu'il pourrait perdre la place centrale qu'il occupe « dans l'intégration sociale et la construction des identités individuelles et collectives ». Espérons qu'à la faveur de cette évolution, l'importance fondamentale du temps passé à prodiguer des soins et à établir des liens chaleureux avec ses proches s'immiscera pour de bon dans notre conscience collective. On a le droit de se demander si le fait de travailler toute sa vie à temps plein contre rémunération est bénéfique à tous les individus, dans tous les contextes.

Une société peuplée de gens scolarisés, disponibles, reposés, tolérants et créatifs pourrait fort bien « produire » plus qu'un monde de gens contraints de se présenter à leur cubicule chaque matin.

Femmes entretenues

> Désolée pour les mordues de magazines de mariées, mais l'idée foncière du mariage n'a rien de romantique. Il s'agit d'un système féodal où les femmes devenaient littéralement la propriété de leur mari [...] La fameuse pension alimentaire réclamée aujourd'hui à grands cris découle directement de ce système archaïque où les femmes s'engageaient à tenir maison (et idéalement à faire des enfants) en échange d'être entretenues à vie. Pour une femme, le contrat de mariage était essentiellement un contrat de travail, en d'autres mots. Une victoire de «Lola», précisément parce qu'elle était une femme entretenue, nous aurait ramenés 40 ans en arrière, au temps où les femmes troquaient leur indépendance contre le droit «de réclamer des aliments».
>
> FRANCINE PELLETIER

Ouf.

Éclair rétrospectif. En 1993, j'ai 19 ans. Je concilie des études en droit à temps plein et 30 heures hebdomadaires de travail rémunéré dans une boutique de vêtements. Je déteste mon emploi, les néons du centre d'achat, la poutine du midi à l'aire de restauration, la compétition dérisoire entre les vendeuses pour être la plus mince et la mieux habillée malgré nos salaires d'exploitées. Depuis quelques semaines, il m'arrive de me retrouver subitement au milieu de la foule sans plus savoir où je suis. Je suis profondément déprimée.

Le passage à l'âge adulte n'est pas aisé. Je me heurte de plein fouet à la question du sens. Travailler, faire des efforts, réussir, performer : à quoi cela sert-il ? Je n'arrive plus à me plonger dans mes leçons et mes devoirs. L'adolescence est terminée. Mes parents, depuis peu, sont divorcés. Malgré mon emploi du temps surchargé, je me sens désœuvrée.

Je téléphone à ma mère : « Est-ce qu'on est obligée de travailler toute notre vie, maman ? Est-ce qu'il n'y a pas moyen de faire autrement ? »

Un silence dans le combiné. Puis :

— Tu veux dire que tu veux te faire entretenir ? C'est ça ?

La lutte contre la dépression ne passe pas toujours par la thérapie. Le jour où j'ai compris que le sens n'avait rien d'une révélation transcendante et qu'il fallait le construire, que je n'étais pas obligée de « faire comme tout le monde », pas obligée de perdre ma vie à la gagner, j'ai commencé à aller mieux. J'ai établi des priorités. Cessé de m'acheter un stock de vêtements toujours renouvelé et coûteux. Cessé de croire que ma jeunesse était fade et sans intérêt si je ne retirais pas des liasses de billets de 20 $ du guichet automatique le jeudi soir avant d'aller veiller sur la Grande-Allée.

J'ai utilisé une capacité de sédition avec laquelle je suis née. J'ai tout rejeté de cette idée que je ne vaudrais rien dans la vie si je ne prenais pas mon parti du fait que je devrais passer le plus clair de mon existence à travailler. Je me suis mise à lire. À réfléchir.

*

Le problème fondamental entre Éric et Lola, c'est qu'Éric refuse de reconnaître qu'il avait des raisons de vivre en couple avec Lola, qu'il ne le faisait pas par grandeur d'âme ou par charité. N'éprouvait-il pas du plaisir à vivre avec elle ? Aurait-il préféré être célibataire ? N'a-t-il pas désiré ses enfants ? Que lui apportait sa relation avec Lola ? Qu'il s'agisse d'amour, de prestige, de bonheur, de sécurité, d'encouragement, de valorisation, de présence, de repassage de chemises, de baises épiques, de partenariat, de figuration ou du soin des enfants, le fait est qu'elle lui apportait quelque chose et que ce quelque chose valait mieux que de vivre seul, à défaut de quoi il n'aurait pas accepté de s'installer dans cette union. Au moment de se séparer, toutefois, ne compte plus que l'argent respectif que l'une et l'autre ont apporté à l'union, et ce avec quoi ils repartent. Dans ce calcul, l'apport de Lola, par sa nature même, ne peut pas être quantifié. De manière grossière, on choisit donc de l'ignorer, faisant d'elle une femme entretenue, une débitrice assurée. Ce qu'elle a reçu et reçoit d'Éric ne peut être considéré que comme le luxe octroyé à une enfant dépendante et gâtée. Et ainsi la discussion sur cette affaire s'est-elle figée autour de l'intérêt de Lola à extirper à Éric le plus de soutien financier possible. Sans que jamais ne soit reconnue l'idée qu'elle avait apporté quelque chose à l'union.

*

Tout le monde aspire à avoir la vie plus facile et la certitude d'être en sécurité jusqu'à son dernier souffle. Tout le monde voudrait travailler moins – ou ne jamais avoir à accomplir des tâches connexes ennuyantes, à tout le moins. Tout le monde négocie, argumente, chercher à tirer profit des occasions qui se présentent afin d'en tirer le meilleur parti avec le moins d'effort possible.

Bien sûr, s'occuper des enfants et du foyer pendant qu'un conjoint rapporte la part principale du revenu constitue «un contrat de travail». Qu'est-ce que cela a de dégradant? Francine Pelletier en parle comme d'une chose sordide qu'elle n'évoque que parce qu'il faut appeler un chat un chat.

Je pense qu'une certaine envie se cache derrière le regard que certaines commentatrices féministes portent sur les femmes entretenues. Elles l'admettent parfois de manière indirecte: «Ces femmes gâtées nient ce pour quoi nous nous sommes battues.»

Je voudrais dire à ces féministes, pour que le mépris tombe: vous ne vous êtes pas battues pour rien. Évidemment que non. Des femmes innombrables ont désormais la possibilité de travailler et de faire carrière si elles le désirent. Cela est bon. Mais vous vous êtes battues, et cela a fait en sorte que votre vie s'est déroulée d'une certaine manière, avec ses joies, ses victoires, ses dépassements de soi, ses actes de courage, ses désespoirs et ses renaissances, dans ces moments où vous vous croyiez à terre, vaincue. Mais votre vie a eu aussi ses renoncements, ses sacrifices, ses défaites et ses frustrations. Le sentiment d'être parfois seule à porter le poids des idéaux. D'autres femmes vivent autrement, ne mènent pas ces batailles, et pensent que la place humble qui est la leur est la bonne. Ou alors elles ne pensent pas. Des tas de gens ne pensent pas. Les féministes se battent pour ces personnes également.

Je voudrais dire à ces féministes : quelle différence y a-t-il entre le fait de contracter un mariage en échange d'être entretenue à vie et celui de s'engager dans l'appareil gouvernemental à 25 ans dans un emploi dont il n'est pas toujours aisé de définir l'utilité pour en sortir à 57 ou à 60 ans avec la certitude d'être en sécurité pour le restant de sa vie ?

Aimeriez-vous que l'on vous nomme «femmes dénaturées», ou «femmes avides de reconnaissance et d'argent», ou «femmes matérialistes», ou «femmes obnubilées par le prestige», ou «femmes piégées par les exigences démesurées de notre temps»? Ne vous rebelleriez-vous pas à raison contre une telle simplification? À bon droit, vous montez aux barricades à la moindre insinuation quant au caractère immoral des femmes qui voient peu leurs enfants, à la moindre tentative de procès d'intention à votre endroit. Comment et pourquoi vous octroyez-vous la légitimité de dédaigner la façon dont nous utilisons nos atouts afin de vivre au mieux nos vies?

Il y a du sexe et de l'argent dans cette idée de femme entretenue. Subsisterait-il un vieux fond puritain en vous? Et pourtant, je vous le dis : nous échangeons nos atouts, incluant notre capital sexuel, contre la meilleure situation possible. Personnellement, j'ai même échangé ma fidélité absolue. Eh oui : être à la maison et «être entretenue» me coûtent la liberté chèrement acquise par les femmes de coucher avec qui je veux, quand je veux. Il y a eu des moments – et il y en aura encore – où cet échange (réciproque) me coûte. Mais au bout du compte, je ne peux que m'en féliciter : j'échange ma fidélité sexuelle contre la solidité à toute épreuve de notre vie à deux. Cette solidité fait en sorte que je ne suis pas obligée de travailler. C'est là l'existence que j'ai désirée.

Je voudrais dire à ces féministes : et vous, votre indépendance, vous la troquez contre quoi ? Faut-il que nous procédions toutes à la même transaction, exactement ? Votre subsistance, vous la réclamez en échange de quoi ? De quels pans de votre liberté ?

Si faire carrière, travailler contre salaire, contribuer au PIB de votre société sont des valeurs importantes à vos yeux, qui donnent tout son sens à votre vie, alors faites-le ! Mais, je vous le demande : respectez celles qui ont choisi la joie et la simplicité. Elles ne vous enlèvent rien.

Je voudrais leur dire aussi que c'est un cadeau rare et précieux de vivre avec un homme qui reconnaît la valeur des soins, de la présence, de la lenteur et de la luminosité. Un homme qui a signé notre contrat d'union de fait avant même la naissance de notre premier enfant, qui ne songe pas à appeler son salaire « son » argent et à le garder dans un compte séparé afin de se payer voitures de l'année, consoles de jeu et voyages de pêche sans cesse renouvelés.

Ma vie est attachée à celle de cet homme et il m'arrive de penser : m'imbriquer à lui, fusionner, lui faire confiance et m'abandonner sont les choses les plus merveilleuses qui me soient arrivées. Mais ces choses sont le contraire précis du projet féministe.

Je voudrais dire à ces féministes : je suis ce que vous appelez une femme entretenue. Regardez-moi : je suis intelligente, scolarisée, informée, autonome, responsable, épanouie, consciente de notre lourd passé patriarcal, du sexisme qui subsiste dans notre société et j'ai fait des choix. Autant que qui que ce soit, mais d'une façon qui m'est propre, je réussis ma vie sans porter ombrage à quiconque. Comment, en dehors du vacillement de votre certitude et de la jalousie, expliquer cette condescendance avec laquelle vous me considérez ?

Problème d'image

Les mères au foyer sont nulle part! Parce qu'elles sont à la maison! Donc il n'y a aucune représentation nulle part de ça. On a l'impression qu'on est seules au monde et on n'a aucune tribune, aucune voix au chapitre, aucun accommodement pour rien. Combien de fois, moi, je donne des entrevues à *Tout le monde en parle*, tu penses?

– Émilie

Croître selon sa loi

Ça a du sens de faire pousser des fleurs ou d'apprendre à faire des petits gâteaux. Et surtout, on peut espérer.

MILENA AGUS

Comment une sociologue qui se prétend féministe et socialiste peut-elle faire l'apologie du repli sur le foyer et d'un «bien-être qui ne regarde que soi»? Au fond, cet essai, n'est-il qu'un pamphlet individualiste?

Certains excès de l'individualisme me sont probablement aussi odieux qu'à vous: le consumérisme, le triomphe de l'opinion sur les réseaux sociaux, les communautés clôturées, les enfants-rois, le privé en santé, etc. C'est pourquoi il ne s'agit pas de légitimer les excès des tenants de la «théorie du choix rationnel», souvent guidés par l'égocentrisme: au plus fort la poche (et ce plus fort est rarement la plus forte). Je suis de ceux qui croient que l'intérêt collectif doit très souvent prévaloir sur les intérêts individuels. Cet intérêt devrait toutefois émerger de la collectivité, plutôt qu'être imposé de haut par l'idéologie. C'est aux individus formant la société de décider de l'équilibre à atteindre et à préserver entre l'individuel et le collectif.

Il apparaît toutefois que, en dépit de ses dérives, l'individualisme propose certains principes exaltants. L'idée que les personnes sont des sujets pensants. Le libre arbitre. L'intimité et l'intérêt personnel. La «recherche du bonheur». La protection contre les abus de l'État. La liberté de conscience et de conviction politique. L'humanisme. L'égalité entre les femmes et les hommes.

Qu'on le célèbre ou qu'on le conspue, l'individualisme qui préside actuellement aux destinées de notre société découle en droite ligne de la philosophie des Lumières. On peut difficilement sous-estimer sa prégnance sur nos idées, nos choix, nos modes de vie.

D'un point de vue sociologique, l'individualisme est ce qui distingue les sociétés modernes des sociétés traditionnelles. Et, vu sous cet angle, comment ne pas s'en réjouir? C'est grâce à l'individualisme que nos vies nous appartiennent désormais et que nous sommes libres, jusqu'à un certain point, d'en décider le chemin. Des contraintes subsistent, bien évidemment. Nous continuons de former une société. Naître pauvre ou riche, malade ou en santé, à Obedjiwan ou à Sillery détermine brutalement le nombre et la nature des possibilités qui s'offriront à nous durant notre vie. Et pourtant, cette vie n'est plus la propriété d'un État, d'une Église, d'un ordre cosmique, d'une tradition, d'une idéologie, d'un père, d'un chef, d'un prêtre ou d'un mari, et je m'en réjouis. C'est l'idéal individualiste qui a permis cela.

*

L'individualisme qui me guide dans la rédaction de cet ouvrage est profondément humaniste. Que je dise d'où je le tiens.

J'ai été accompagnante à la naissance pendant quelques années. Cela a imprégné ce que je suis et la façon dont j'envisage la vie. Si je suis impétueuse aujourd'hui, ce n'est rien en comparaison de la vigueur de mes opinions quand j'avais 27 ans. L'accompagnement – qui n'est pourtant que douceur et accueil – m'a chevillé le respect au corps, de manière paradoxale, brutale et totale.

J'en ai rencontré beaucoup, des futurs parents, au cours de cette brève carrière d'accompagnante. J'ai accompagné toutes sortes de couples. Des couples obsédés par l'apparence de leur enfant. Des couples qui ne s'informaient pas. Des couples qui passaient leur grossesse au centre d'achat, d'autres qui magasinaient les thérapies alternatives. Des couples qui demandaient une césarienne planifiée. J'ai accompagné des couples qui refusaient d'essayer d'allaiter, et d'autres qui retournaient travailler quelques jours après l'accouchement. Des mères droguées, maquillées, botoxées qui venaient accoucher en talons de trois pouces, manteau en léopard sur le dos. Et d'autres qui se perdaient elles-mêmes tant elles désiraient ce qu'il y a de mieux pour leur enfant. J'ai accompagné des pères absents, surprotecteurs ou indifférents. Des pères accros à leur cellulaire. Chaque fois, j'ai dû tourner ma langue sept fois dans ma bouche avant de juger ou de conseiller. Chaque fois, l'accompagnement se concluait par des remerciements émerveillés : « Tu as respecté ce qu'on voulait. Tu étais juste présente pour nous encourager. »

C'est une conviction personnelle, j'en conviens, et bien qu'elle repose sur certains résultats d'étude autant que sur mon expérience, elle n'est au fond que la prémisse toujours discutable sur laquelle j'établis mon raisonnement : chaque personne (sauf rares exceptions) est la mieux placée pour prendre les décisions qui la concernent, elle et ses jeunes enfants. C'est cela, l'humanisme, pour moi.

Plus tard, j'ai été heureuse de constater que cet humanisme trouve sa double application en sociologie, tant comme objet d'étude que comme cadre d'analyse. On appelle cette approche la sociologie compréhensive.

Depuis Marianne Schnitger et Max Weber, couple fondateur de la sociologie allemande du tournant du XXe siècle, tout un courant sociologique reconnaît que le sens que donnent les acteurs sociaux aux paramètres de leur vie est crucial pour la compréhension de la société parce qu'il permet de voir que les vies humaines, ainsi que les relations qu'elles contiennent, ne sont pas que des systèmes, n'ont pas que des fonctions et ne doivent pas être exclusivement soumises à l'atteinte d'objectifs idéologiques : elles ont aussi des dimensions incarnées et affectives qui ne se laissent pas réduire à des relations de cause à effet ou à de simples gestes d'automates déterminés par des systèmes.

Et c'est ainsi que je me suis retrouvée à étudier le *sens* que donnent les mères au foyer québécoises scolarisées de la classe moyenne à leur choix d'être à la maison auprès de leurs enfants durant quelques années. Un aspect frappant de leur témoignage est que ce sens n'aurait pas pu s'imposer en dehors de l'individualisme. Ces femmes décrivent comment et pourquoi elles en sont venues à la conclusion que ce mode de vie est celui qui a le plus de sens à leurs yeux. La plupart du temps, il s'est agi d'un processus assez long d'essais et erreurs, de réflexion, de maturation et de remise en question. Plusieurs d'entre elles ont souligné qu'elles n'auraient pas été en mesure de prendre une telle décision au début de la vingtaine. Il faut être forte et décidée pour être mère au foyer, affirment-elles. Il faut avoir acquis une certaine autonomie par rapport à la norme sociale.

Elles rapportent aussi la difficulté de s'entendre réfléchir dans un monde qui les bombarde de ses conseils, connaissances, tabous, informations contradictoires, préjugés, opinions, dogmes, doutes, imbécillités, encouragements, lieux communs et témoignages de mépris subtils.

*

Rainer Maria Rilke, dans ses *Lettres à un jeune poète*, enjoint à ce dernier de prendre la voie de la simplification :

> Votre regard est tourné vers le dehors ; c'est cela surtout que maintenant vous ne devez plus faire. Personne ne peut vous apporter conseil ou aide, personne. Il n'est qu'un seul chemin. Entrez en vous-même, cherchez le besoin qui vous fait écrire : examinez s'il pousse ses racines au plus profond de votre cœur. Confessez-vous à vous-même : mourriez-vous s'il vous était défendu d'écrire ?

Mourriez-vous s'il vous était impossible de concilier famille et travail rémunéré ? Mourriez-vous si vous deviez passer le plus clair de votre temps séparé de vos enfants? Quelle importance accordez-vous au prestige, à l'accomplissement professionnel, à l'argent, aux vacances chères, à la consommation, aux beaux vêtements? Où réside votre valeur? Qui êtes-vous, au-delà du rôle social que vous jouez? Faut-il, lorsqu'on est femme, gagner autant d'argent que les hommes, que ses voisins, que la moyenne, ou faut-il en gagner *suffisamment*? Que signifie le fait de prodiguer des soins à ses proches? Que signifient l'entraide, la solidarité, le don de soi, la féminité, le temps, la lenteur, la présence et la maternité? Quel est votre rapport à l'engagement, à l'avancement social, à l'égalité des sexes? Le privé est-il politique? Jusqu'où êtes-vous disposée à aller pour appliquer des notions idéologiques à votre vie intime? Partage des tâches? Végétarisme? Transport en commun? Quel sens y a-t-il à se sacrifier et à souffrir pour que triomphe une idéologie? Vous souciez-vous du bien commun?

L'individualisme permet l'introspection et nous invite à respecter les conclusions de chacune d'entre nous face à ce type d'interrogations. Voici ce que m'a dit l'une des femmes que j'ai interrogées:

> S'il fallait que, pour être auprès de mes enfants, j'attende un chèque le premier du mois et que je fasse la file avec les autres à la caisse, je le ferais. Parce que c'est ça. C'est ça en quoi je crois.

Une femme n'aspire pas nécessairement à passer sa vie auprès de ses enfants. Mais il se peut que ce soit le cas. L'individualisme permet à chacun de plonger en soi et d'accorder de la valeur à ce qu'on estime être le plus important.

L'épouvantail de la pauvreté

Me voici à présent en terrain miné.

Chaque fois que je parle de la possibilité d'être une femme autonome, égale à son conjoint et qui s'accomplit autrement qu'en travaillant, on me jette à la tête qu'il s'agit d'une option que la plupart des femmes n'ont pas. « La plupart des femmes doivent travailler pour gagner leur vie ! » m'assènent d'une seule voix la sapience populaire et la doxa féministe.

Il est difficile de parler de pauvreté à tête reposée. Il y a tant de siècles que des poignées de privilégiés exploitent les masses démunies ! Tellement d'analyses, de protestations, de batailles contre les mécanismes capitalistes corrompus qui alimentent le rêve d'un avenir meilleur en même temps qu'ils le sabotent ! Tellement de marches du pain et des roses et d'*Occupy* sans que les choses n'évoluent à un rythme satisfaisant !

Loin de moi l'idée de nier que la pauvreté existe, qu'elle est systémique, inhérente à notre système économique et qu'elle doit être dénoncée. Mais qu'est-ce que la pauvreté, exactement ?

Il faut d'abord évoquer le caractère relatif de la pauvreté par rapport à la richesse collective. Dans cette perspective, le niveau de vie moyen *et* la représentation que se font la société et les individus de la satisfaction des besoins, de la consommation et de la richesse prévaut sur la « réalité » de la pauvreté. En conséquence :

- Des familles peuvent être *défavorisées* malgré le fait qu'elles subviennent à leurs besoins de base et qu'elles sont satisfaites de leur qualité de vie. Les principaux indicateurs qui désignent ces familles comme défavorisées sont la mesure du panier de consommation et le seuil de faible revenu.

- Des familles peuvent *être considérées* comme défavorisées par leur société ou par les gens qui les entourent malgré le fait qu'elles subviennent à leurs besoins de base et qu'elles sont satisfaites de leur qualité de vie.
- Des familles peuvent *se considérer* comme défavorisées malgré le fait qu'elles subviennent à leurs besoins de base. Elles ne sont pas, alors, satisfaites de leur qualité de vie, peut-être parce qu'elles le comparent au niveau de vie moyen.

Il est difficile de comparer la pauvreté qui existe au Québec à celle que l'on trouve à Cité Soleil, par exemple. Ce qu'il faut retenir, c'est que les Québécoises et les Québécois défavorisés connaissent des problèmes réels, concrets et pénibles qui sont amplifiés par le contraste de leurs conditions de vie avec la richesse ambiante. Il faut savoir ce que peut signifier le fait d'être pauvre, dans notre société, et de devoir se priver et priver ses enfants des petits riens qui rendent la vie agréable, refuser des sorties entre amis, remettre sans cesse des soins dentaires, des réparations ou des achats à plus tard. Je ne nie pas le drame quotidien que cela peut représenter. Au contraire. Toute ma vie adulte, j'ai milité pour des partis qui favorisent une meilleure redistribution de la richesse et font une priorité absolue de la lutte contre la pauvreté et de l'amélioration des conditions de vie de la population. Comme sociologue, j'ai enseigné les inégalités sociales, étudié les systèmes qui contribuent à les mettre en place et à les maintenir, et expliqué que les meilleurs investissements que peut faire une société sont la lutte contre la pauvreté, l'éducation publique et gratuite et l'abolition des inégalités dans le domaine de la santé. Dans ma vie privée, je suis prête à payer toujours plus d'impôts si je suis assurée qu'ils serviront à réduire ces inégalités.

Reconnaître les injustices qui composent notre réalité n'empêche pas de reconnaître également que nous avons, au

Québec, une conception toujours plus déconnectée de ce que sont la richesse et la pauvreté. Ainsi, à mon avis, trois erreurs importantes sont régulièrement commises lorsqu'on évoque le niveau de vie :

- D'abord, nous continuons de ne considérer comme une richesse que ce qui se quantifie en argent ou en temps déclarable.

- Par ailleurs, nous avons perdu toute notion de ce que j'appellerais une «richesse suffisante». Le néolibéralisme imprègne à ce point nos esprits que nous en sommes venus à ne plus considérer comme riches que les personnes ou les sociétés dont les profits croissent constamment et se comparent avantageusement aux avoirs quantifiables des autres.

- Finalement, nos données sur le PIB et la création de richesse tiennent rarement compte de l'inégalité croissante des revenus et des pouvoirs d'achats des individus.

Nous nous retrouvons, dès lors, à angoisser sur la capacité qu'auront nos fonds de retraite à financer nos voyages autour du monde et sur le niveau de luxe et de confort dans lequel nous dorlotons nos enfants comparativement aux Californiens, aux Néerlandais ou aux Chinois de la région de Canton. Nous raisonnons souvent avec avidité. Ce faisant, nous n'améliorons pas le sort des personnes défavorisées.

Je ne cherche pas à faire l'apologie de la pauvreté. Mais la simplicité volontaire existe, je l'ai rencontrée! Je n'ai jamais cessé de l'appliquer – au moins à temps partiel – dans ma vie privée. Il existe des personnes qui préfèrent vivre de revenus relativement bas, mais en étant relativement libres, c'est-à-dire plus ou moins détachées des contraintes imposées par la recherche d'un revenu plus élevé.

Car pour certaines personnes, cette simplicité a plus de sens qu'une vie entière consacrée au travail rémunéré.

De sens, oui. De cette denrée floue, insaisissable, souvent galvaudée, méprisée ou oubliée et pourtant indispensable. Sans lui, pas de capacité d'action des individus ou des sociétés. Sans le sens, pas d'humanité. C'est aussi simple que cela.

Allons-y maintenant de deux affirmations-chocs :

- Ce n'est pas la pauvreté du ménage qui empêche le plus souvent les femmes qui le désirent d'être mères au foyer. C'est la monoparentalité.

- Plus une mère est pauvre, moins elle a à perdre sur le plan financier à être mère au foyer.

Je ne vais pas ici vous abreuver de chiffres, de statistiques et de références sur les revenus et l'endettement des ménages, ni sur les naissances hors mariage, les séparations et les divorces. Dans la discussion en cours, je tiens pour acquis que la majorité des familles québécoises (monoparentales ou non) disposent de revenus suffisants pour manger, se loger et se vêtir de façon décente, ainsi que pour se payer quelques plaisirs (certes parfois très limités). Je tiens également pour acquis que la majorité des familles québécoises – et pas seulement les plus démunies – ne parviennent que rarement à suivre le rythme auquel elles sont censées consommer si on se fie au discours dominant et la publicité : voitures, voyages, soins esthétiques, restaurants, divertissements, abonnements, alcool, gadgets électroniques, etc. Bref, de manière générale, je reconnais qu'il n'y en aura pas de facile pour la plupart d'entre nous et que nous sommes toutes confrontées à des choix douloureux – même si des écarts de revenus importants et croissants favorisent une minorité de la population. Rares sont celles qui, nageant dans un océan d'argent, peuvent prétendre, en se limant les ongles nonchalamment, qu'elles ont choisi de rester à la maison « comme ça, par désœuvrement ».

De fait, s'il y a bien une chose que les mères au foyer que j'ai rencontrées savent faire, c'est réfléchir, comparer et calculer. Mais ce qui n'a de cesse de m'étonner, c'est que j'ai remarqué que plus leur train de vie est élevé, plus une femme ou un homme seront susceptibles d'affirmer avec sérieux et un regret probablement authentique: «Ah! Moi aussi, j'aimerais être à la maison, mais nous n'en avons pas les moyens.»

*

Mi-février. Je suis dans l'autobus entre Montréal et Québec avec deux collègues de mon mari rencontrés par hasard. Nous discutons des dernières nouvelles familiales, de leurs conjointes, de leurs enfants. Je réalise avec stupéfaction que ces deux hommes ont des conjointes à la maison, ce qui est statistiquement improbable. Tous deux sont des pères d'environ quarante ans, ils semblent heureux, épanouis en famille et au travail, fiers, encourageants et amoureux de leurs conjointes. Je devine à peu près leur salaire (confortable, mais certainement pas hors norme) et je me dis: si ces couples avaient fait le choix d'asseoir leur niveau de vie sur deux revenus, ils en justifieraient les conséquences (garderie à temps plein pour leurs enfants et horaires serrés, par exemple) par l'impossibilité de payer leurs factures autrement. Les mêmes personnes m'affirmeraient de manière péremptoire qu'un seul salaire, dans leur cas, ne suffit pas.

Peut-être pas. Peut-être qu'ils affirmeraient qu'ils travaillent tous les deux parce qu'ils aiment ce qu'ils font. Mais la nécessité absolue, la prémisse incontestable du double salaire nécessaire à la vie des familles d'aujourd'hui n'est pas la vérité suprême qu'on nous serine sans relâche: elle dépend de ce qu'on entend, collectivement et individuellement, par «suffisant».

Pourquoi ces hommes et leurs conjointes considèrent-ils que leur choix est possible et sain? N'ont-ils pas envie, eux aussi, de se payer des fins de semaines dans le Nord, une deuxième voiture, un spa, de la nourriture biologique, des leçons de piano pour leurs enfants ou un cinéma-maison? Ne savent-ils pas qu'un double salaire est absolument nécessaire de nos jours? Ne courent-ils pas droit à la faillite? Comment font-ils pour payer les factures? La simplicité relative qu'exige leur mode de vie exerce-t-elle une pression négative sur leur couple?

Leurs enfants sont-ils victimes de préjugés dans la cour d'école parce qu'ils portent des vêtements un peu plus usés ou qu'ils mangent des sandwichs maison pour dîner plutôt qu'un sous-marin de chez Subway ? Il ne s'agit pas de mépriser l'envie du confort et du luxe ni les raisons qui portent les gens à travailler contre rémunération, mais bien d'examiner ces raisons et ces explications que nous invoquons à tort et à travers, trop souvent.

La personne qui décide de son plein gré d'être à la maison fait le choix d'une simplicité plus ou moins forcée par rapport au mode de vie dont elle jouissait auparavant si elle travaillait. Elle doit faire avec moins. Dans certains cas, ce moins peut faire basculer un revenu familial moyen vers la pauvreté. Néanmoins, une fois les calculs d'usage effectués (frais de CPE, de vêtements, de transport, impôts, etc.), ce n'est pas toujours le cas. (Malgré les efforts néolibéraux et féministes pour qu'il soit «plus intéressant» de travailler contre rémunération qu'être à la maison.)

Les mères que j'ai interrogées considèrent que les bénéfices liés au fait d'être à la maison surpassent les avantages financiers liés au travail rémunéré, tant pour elles-mêmes que pour leur famille. Comme tout le monde, ces femmes pourraient désirer augmenter le revenu familial, ou leurs revenus personnels déposés dans un compte individuel (sacro-sainte autonomie) avec un emploi rémunéré, mais elles déclarent qu'elles n'ont pas besoin de plus d'argent que ce qu'elles ont déjà.

De toute façon, je ne vais pas travailler pour l'argent. On n'a pas vraiment besoin de cet argent-là. (Charlotte)

De nombreux parents, toutes classes sociales confondues, trouvent bien l'argent nécessaire pour se séparer ! Pour payer deux appartements, deux comptes d'électricité, deux voitures, etc. Et ainsi, on peut se demander s'il est vrai, dans la majorité des cas, qu'un deuxième salaire est nécessaire pour bien vivre sa vie, alors que tant de familles monoparentales parviennent à subvenir à leurs besoins de manière au moins adéquate.

Le deuxième salaire est sans doute nécessaire dans certains cas. Mais dans les autres? Il est indéniable que plusieurs personnes travaillent contre rémunération et gagnent des salaires pour des raisons autres que leur lutte personnelle contre la pauvreté. La réalisation de soi, l'autonomie, la quête d'une identité sociale, la valorisation, le conformisme, la contribution à l'économie de son pays, le besoin de socialiser et la possibilité de se payer (ainsi qu'à ses proches) des petits et des grands luxes sont autant de motivations à se lever chaque matin pour se rendre au bureau.

Les Québécoises sont constamment exposées à l'idéologie qui leur dicte d'être autonomes, de gagner leur propre argent et d'économiser dans des RÉER distincts de ceux de leur conjoint. Mais pour rendre cette exigence endurable au jour le jour, l'un des avantages auxquels elles se raccrochent psychologiquement – outre l'exultation qu'elles éprouvent peut-être à ne dépendre financièrement que de leur rémunération et non de celle de la personne avec qui elles partagent leur vie – est leur capacité accrue de consommation. Jusqu'à se convaincre, parfois, qu'il n'y a pas moyen de vivre autrement.

Qu'il soit bien clair que je ne juge pas ces comportements et aspirations. C'est de moi-même que je parle ici. De ce dialogue constant dans ma tête entre l'idée que je me fais de la vie idéale (lire et écrire en toute liberté à proximité de mon mari et de mes enfants) et l'envie profonde de «donner ce qu'il y a de mieux» à mes garçons: cours de piano, de plongeon, consoles de jeux, etc. Chaque fois que vous me surprenez en train d'enseigner ou d'accepter un contrat, c'est parce que cette conception l'a, momentanément, emporté.

Ici encore, ce sont les femmes qui – de loin – s'en font le plus avec ce genre de considérations. Jusqu'à quel point faut-il dépenser de l'argent pour le mieux-être de nos enfants?

Quand j'étais enceinte de mon deuxième enfant, en 2001, je me souviens être tombée sur un site néerlandais consacré à la simplicité volontaire qui s'attaquait aux mythes des coûts faramineux qu'entraîne nécessairement le fait d'avoir un enfant dans l'Occident du XXIe siècle.

«Un enfant ne coûte rien», prétendait, en substance, l'article. Foin de tous ces biberons, tétines, hochets, préparations lactées et balançoires pour l'apaiser lorsqu'il geint. Le sein chaud de sa mère lui suffit. Nul besoin de ces innombrables objets bruyants et plastifiés, ni de ces moniteurs radio. Un enfant n'a pas besoin d'être stimulé, ou surveillé de manière artificielle. La vie quotidienne, avec les allées et venues de chacun, les effluves de la cuisine, les gestes et les expressions des membres de la famille qui se penchent sur lui accaparent amplement son attention. Dans la chaleur, la simplicité et la sécurité, votre enfant apprendra. Quelques langes et vêtements de coton sont certes nécessaires. Prenez-les usagés: ils n'en seront que plus doux.

Le sein de sa mère et une vieille doudou effilochée. Dans l'absolu, voilà tout ce dont un enfant a besoin. Pour les premières années de sa vie du moins. Mais après?

Mon conjoint me demande parfois: «Comment se fait-il que nous ne surnagions jamais vraiment? Mon salaire a beaucoup augmenté. Tu as tes bourses d'études, désormais. Comment se fait-il que nous soyons encore serrés?» Les réponses à cette question sont nombreuses:

- À mesure que nos revenus augmentent, les allocations étatiques auxquelles nous avons droit diminuent. Cela est juste et je ne le critique pas.

- Le coût de la vie augmente rapidement. Bien que je me méfie des «plus que jamais», des «de plus en plus» et des discours passéistes ou catastrophistes de tout acabit, les conjonctures environnementale et économique (toutes deux tendues à leur extrême limite) forcent à au moins entrevoir que la situation pourrait empirer d'ici quelques années.

- Le désir de consommer n'est jamais satisfait. Plus nous gagnons de l'argent, plus nous en dépensons. Si nous embarquons dans le manège de la consommation, il est ardu d'en descendre au milieu du tour. Mieux valait peut-être demeurer au sol et regarder les autres s'exciter.

Mes années de mère au foyer m'ont pourtant appris à vivre de peu et à m'en contenter. Du haut de mes quarante ans, je considère l'époque que j'ai consacrée presque exclusivement à élever mes enfants comme la plus profondément heureuse de ma vie. Je me demande parfois où cette simplicité et cette satisfaction s'en sont allées...

Il ne fait aucun doute que la norme liée au confort matériel, et notamment à celui des enfants, est plus élevée qu'auparavant, et ce, même s'il est généralement admis que les revenus familiaux ont diminué en dollars constants. Il ne fait pas non plus de doute que des forces redoutables concourent à nous convaincre de nous échiner à gagner toujours plus d'argent pour en dépenser tout autant. Ces forces se fichent éperdument de notre bien-être et de celui de nos enfants.

Mais à quoi, au fait, cette augmentation généralisée du coût de la vie est-elle due? Plusieurs phénomènes environnementaux, économiques, sociaux et politiques complexes entrent en jeu, bien entendu. Et comme je suis loin d'être compétente en économie, je vais me borner à évoquer le seul élément de réponse véritablement pertinent dans le cadre de cet essai: il se peut que cette augmentation soit, en partie, liée à l'individualisation des revenus, à la surconsommation que permet le fait que les familles bénéficient de deux revenus et à l'inflation qui en résulte.

J'ai bien conscience de simplifier grandement, mais il se peut en effet que l'arrivée des femmes sur le marché du travail à partir des années 1960 ait progressivement amené les employeurs à réviser à la baisse la valeur de chaque emploi occupé. D'abord, parce que ce que les femmes touchent se dévalorise souvent instantanément, et l'emploi aussi; c'est le cas du secrétariat, de l'enseignement et de la médecine familiale, notamment. Mais aussi, à cause de la compétition accrue entre les travailleurs et les travailleuses. Un nombre accru de travailleurs potentiels exerce une pression à la baisse sur la valeur des emplois. Finalement, parce que les travailleurs ont progressivement perdu une certaine prime tacite liée à leur statut de pourvoyeur qui, dans les décennies de l'après-guerre du moins, faisait en sorte qu'ils étaient souvent mieux rémunérés que ce que la stricte valeur de leur travail l'exigeait. Il n'était pas rare, alors, de voir des travailleurs obtenir des primes à la naissance de leurs enfants, par exemple. Les décideurs politiques et économiques reconnaissaient que la société entière avait intérêt à ce que les pères de famille obtiennent des gages suffisants pour mettre leur femme et leurs enfants à l'abri du besoin.

Même si cette façon de faire est aujourd'hui obsolète et qu'il n'y aurait aucun sens à prêcher son rétablissement, peut-on se féliciter sans ambages de ce que les employeurs ne se considèrent plus tenus d'octroyer à leurs employés des salaires ajustés à des familles de quatre ou cinq personnes ? Même en tenant compte du fait que les conjointes bénéficient dorénavant de revenus d'emplois personnels, la quasi-obligation pour nombre de ménages de compter sur deux pourvoyeurs pour faire vivre une famille de quatre personnes peut-elle être célébrée comme un avancement ?

« Le féminisme a approuvé le remplacement du soutien au revenu familial unique par l'idéal de la famille à deux gagne-pain », écrit, en substance, la sociologue féministe américaine Nancy Fraser, qui se désole de ce qu'elle décrit comme l'acoquinement du féminisme et du néolibéralisme au cours des dernières décennies. Elle explique qu'au nom de l'autonomie des femmes, le féminisme a abandonné son rôle de critique de notre système économique. Les femmes, selon elle, ont certes massivement investi le marché du travail, mais cette transformation est allée de pair avec la chute des salaires, la diminution de la sécurité d'emploi, la baisse des standards de vie, une montée abrupte du nombre d'heures travaillées et passées en dehors du foyer, ainsi qu'une augmentation rien moins qu'endémique de la pauvreté, toujours plus concentrée dans les ménages monoparentaux féminins.

Pour Fraser, le néolibéralisme attire les femmes vers le salariat avec la promesse d'un meilleur contrôle sur leur vie (« *empowerment* ») alors que le résultat final de la présence massive des femmes sur le marché du travail est un appauvrissement collectif colossal. Et le féminisme ne le dénonce pas.

Mais on m'objectera que l'enjeu est l'autonomie des femmes et non l'amélioration du revenu familial comme tel. Ne vaut-il pas mieux, à la rigueur, qu'une famille ait des revenus moins élevés, mais mieux partagés entre la mère et le père afin que les femmes protègent leur indépendance au sein de leur union?

Il paraît, en effet, que l'une des questions importantes qui doivent être posées au sujet des mères au foyer est celle de leur capacité à négocier sur un pied d'égalité au sein de leur couple. Il apparaît – selon les résultats obtenus par certaines études du moins – que les mères qui n'ont pas de salaire ont moins d'influence sur les décisions prises par le couple, qu'elles sont jusqu'à un certain point à la merci de leur conjoint pour leurs dépenses personnelles et que, de manière générale, elles disposent d'une autonomie réduite.

Que dire.

D'abord, entendons-nous bien, je n'ai pas l'intention de prétendre que des inégalités ne subsistent pas au sein des couples québécois. Que des Québécoises, en 2014, soient encore violentées, violées ou victimes d'abus verbaux, psychologiques, sexuels ou économiques de la part de leur conjoint – et ce, de manière autrement plus fréquente que des hommes sont victimes de la violence de leur conjointe – ne fait hélas aucun doute. Et le fait que la pauvreté des familles et le manque d'autonomie financière des femmes puissent aggraver ces situations ne fait pas de doute non plus.

Il va sans dire que je ne recommande pas la maternité au foyer aux femmes qui vivent ces drames. Mais, en dépit de leur caractère tragique et de la nécessité de les dénoncer, ces situations demeurent celles d'une minorité.

La question n'en demeure pas moins : les femmes qui gagnent moins que leur conjoint ont-elles moins de poids décisionnel et moins d'autonomie au sein de leur union que leur conjoint? Je pense qu'il serait absurde de nier que ce peut être parfois le cas. Mais cette situation ne touche pas particulièrement les mères au foyer. La plupart des femmes, encore aujourd'hui, gagnent moins que leur conjoint de toute façon. Qui plus est, il semble qu'au Québec, les hommes peu sensibles à l'égalité des sexes aient trouvé une manière nouvelle d'imposer leur volonté et de favoriser leur avantage financier : exiger de leur conjointe qu'elle travaille afin de payer systématiquement ses propres dépenses. Ces hommes évitent ainsi la mise en commun des avoirs. Le travail de leur conjointe leur sert d'argument afin d'éviter de signer un contrat de vie commune.

Stratégie féministe ou... patriarcale ? Certes, ces femmes sont souvent les premières à clamer qu'elles n'ont pas besoin d'un contrat d'union de fait signé pour pouvoir subvenir à leurs besoins advenant une séparation. Elles travaillent, après tout. Mais dans les faits, plusieurs d'entre elles viennent grossir le nombre des mères appauvries une fois leur union scindée.

Dans ce contexte, les couples qui choisissent que l'un des conjoints demeure au foyer ou réduise substantiellement ses heures de travail rémunéré sont plus susceptibles de valoriser une réelle égalité en instituant une mise en commun des revenus familiaux que les couples à deux gagne-pain qui séparent leurs revenus.

Il est difficile de schématiser toutes les situations, évidemment. L'égalité se vit et se négocie de diverses façons. Mais peut-on vraiment prétendre que, de façon générale, les mères au foyer québécoises ont peu à dire sur les décisions qui concernent leur ménage ? Celles que j'ai interrogées trouvent normal de mettre en commun les revenus de leur couple et considèrent le salaire que gagne leur conjoint comme l'argent du couple et de la famille. Voici ce que me disait Sylvie :

> Pour nous, ça va de soi que le salaire de mon conjoint profite à toute la famille. Il n'y a jamais aucune remarque.

Certaines mères au foyer se sentent quand même les « débitrices » de leur conjoint et cherchent à en faire beaucoup auprès de leurs enfants et dans la maison pour compenser. Elles font aussi parfois spécialement attention aux dépenses, en se disant qu'elles n'ont pas gagné l'argent avec lequel elles paient les factures. Elles ne se privent de rien, mais elles ressentent un certain besoin de « mettre le frein », et ce, même si elles soulignent que leur conjoint ne leur demande jamais de justification, qu'il ne contrôle pas leur budget. Il semble que ce soit plutôt envers elles-mêmes qu'il y ait une exigence de rendre compte de leur mérite, ce qui n'a rien d'étonnant dans une société qui évalue tout à l'aune de la productivité et du pouvoir d'achat. De fait, leur conjoint se trouve parfois dans la situation de les déculpabiliser par rapport à la légitimité de leurs achats.

Pour les mères avec qui j'ai parlé, le fait que leurs revenus soient ceux de leur conjoint ne met pas en danger leur autonomie philosophique, celle qui permet de prendre des décisions fondées sur son libre arbitre. Contrairement aux féministes qui jugent que le fait de disposer de revenus personnels est une condition fondamentale de cette capacité, les mères que j'ai interrogées considèrent que l'autonomie est avant tout une force d'affirmation et de jugement. Pour elles, il va de soi que leur autonomie est à la fois égale et complémentaire à celle de leur conjoint, et ce, peu importe les revenus particuliers de chacun.

Cela ne signifie pas que ces couples sont nécessairement parfaitement égalitaires, mais que l'égalité réelle au sein des couples dépend moins de l'égalité des revenus que d'une reconnaissance de la dignité et de la valeur de ce que chaque conjoint accomplit.

*

Il faut par ailleurs se demander ce que signifie « être protégée » financièrement. Les conjoints séparés doivent-ils pouvoir conserver exactement le même rythme de vie après une séparation ? Si oui, la discussion cesse immédiatement car, en dehors des cas de richesse excessive, c'est pour ainsi dire impossible. La vaste majorité des personnes qui se séparent subissent une perte de revenus, cela va de soi. Là où il y avait un logement à payer, il y en a maintenant deux, de même des comptes d'électricité et autres, mais aussi pour ce qui concerne les différents services jadis assurés par l'entraide au sein du couple, tels que le gardiennage et le voiturage, et les avantages à tirer des compétences particulières de chacun des conjoints. Heureusement, notre fiscalité et nos politiques familiales individualistes et féministes encouragent jusqu'à un certain point la vie en solo. L'État tient compte de votre monoparentalité nouvelle au moment d'évaluer la somme réduite que vous lui devez. Mais néanmoins, dans la plupart des cas, vous ne pouvez pas vous attendre à mener un plus grand train de vie après une séparation qu'auparavant.

Les mères au foyer séparées doivent-elles à tout le moins jouir d'un niveau de vie exactement pareil à celui de leur conjoint après leur séparation? Ici, la discussion se complique. Mon opinion est qu'au moment de la séparation, les femmes qui ont des enfants dont leur ex-conjoint est le père (je laisse à d'autres le soin de discuter des familles reconstituées dont la situation est plus complexe) doivent effectivement recevoir la moitié exacte du patrimoine familial accumulé depuis la conception du premier enfant. Que les parents aient été mariés ou non ne devrait rien changer à l'affaire dès lors que le couple a des enfants.

Autrement dit, et pour régler en un paragraphe le cas d'Éric et de Lola, je suis d'accord avec l'idée que l'union de fait non officialisée continue de constituer une manière souple de vivre ensemble au Québec. On ne devrait pas marier les couples *de facto*, malgré eux, sitôt qu'ils cumulent une année de vie commune, par exemple. Des gens peuvent vouloir vivre sous le même toit et former une union affective sans mettre leurs revenus en commun. *Mais.* Pour toutes les raisons discutées dans cet essai, sitôt que le couple a un enfant, l'État devrait à mon avis considérer le couple comme marié tant du point de vue fiscal que pour protéger chacun des conjoints en cas de séparation.

S'il y a séparation, recevoir la moitié du patrimoine accumulé durant l'union ou depuis la naissance du premier enfant est une affaire relativement simple pour les couples officialisés qui ont toujours fait compte commun. La maison, les RÉER et l'argent : tout, depuis toujours, est enregistré aux noms des deux conjoints. Ceux-ci reconnaissent que le couple fonctionne ou a fonctionné comme un partenariat. Le problème est qu'il s'agit d'une pratique en voie de disparition. De nos jours, les conjoints tendent à rester sur leur quant-à-soi sur le plan financier et à vouloir préserver leur autonomie économique. Comment séparer les avoirs de manière égale lorsque tant d'efforts ont été laborieusement consacrés, mois après mois, à la préservation d'états de compte distincts ?

Je suppose que la réponse va de soi : que chaque conjoint reparte alors avec les bénéfices de ce qu'il a apporté à l'union, proportionnellement.

Évidemment, comme les mères tendent à moins travailler contre rémunération que les pères, ne serait-ce que parce qu'elles prennent des congés pour accoucher et allaiter, et à utiliser leurs revenus pour gâter leur famille et payer l'épicerie, elles tendront à se retrouver avec moins.

Au moment de la séparation, les mères au foyer qui ont officialisé leur union – et qui font forcément compte conjoint – sont donc favorisées par rapport aux mères qui travaillent contre rémunération, mais qui gagnent moins que leur conjoint, ou à celles qui gagnent plus ou autant que leur conjoint mais qui ont utilisé leurs revenus pour payer des biens périssables. D'ailleurs, le fait d'avoir été mère au foyer au sein d'un couple marié ou en union de fait augmente les chances d'avoir droit à une pension personnelle pendant un certain temps après la séparation, *à condition que l'union ait été officialisée de quelque façon*. (Plusieurs autres critères sont également pris en considération, mais les ex-épouses qui ont toujours travaillé contre rémunération peuvent difficilement faire valoir qu'elles ont besoin du soutien financier temporaire de la part de leur ex-mari afin de s'établir dans leur nouvelle vie après la séparation.)

Mais la question ne s'arrête pas là. Une fois le partage effectué et même à supposer qu'il en résulte une situation égale au moment d'entreprendre une vie nouvellement séparée, qu'arrive-t-il aux femmes qui n'ont pas été habituées à travailler contre rémunération, qui n'ont pas bâti de carrière ou qui n'ont pas mis leurs compétences à jour ? Ne devront-elles pas subir une baisse de niveau de vie parce qu'elles doivent retourner sur les bancs d'école ou accepter un emploi au bas de l'échelle pour nourrir leurs enfants ? Et si en plus elles choisissent une profession typiquement féminine, telle qu'éducatrice en garderie – qu'adviendra-t-il de leur niveau de vie ?

Il va de soi que je suis de celles qui prônent une meilleure reconnaissance des années passées au foyer et des politiques de réinsertion en emploi pour les parents au foyer. Il va également de soi que je me désole de la prémisse qui sous-tend ces questions : les mères sont celles qui vont s'occuper de nourrir leurs enfants après la séparation. Trop de pères essaient et réussissent encore à se soustraire à ce type d'obligation.

Mais que cela ne détourne pas notre attention d'une question cruciale : les femmes doivent-elles gagner leur vie correctement ou doivent-elles gagner *autant que les hommes* ? Car on peut évidemment déplorer que les femmes gagnent moins d'argent que les hommes de manière systémique. Que les professions qu'elles occupent de façon majoritaire sont trop souvent mal rémunérées. Qu'elles arrivent moins bien que les hommes à tirer leur épingle du jeu du marché de l'emploi. Qu'elles se coltinent la double tâche.

Il reste qu'il faut s'interroger sur la vision du revenu comme mesure suprême de l'égalité des sexes. Je suis intimement convaincue d'avoir reçu la part belle dans mon couple en étant à la maison auprès de mes enfants, en travaillant à mon rythme et en ne gagnant à peu près pas d'argent. Cela ne signifie pas que je ne fasse pas preuve de pragmatisme. Au contraire. Avant même la naissance de notre premier enfant, mon conjoint et moi avons fait établir un contrat d'union de fait. Et si d'aventure nous nous séparions, on peut compter sur moi pour me battre bec et ongles afin d'obtenir la moitié précise de ce que nous avons construit ensemble pendant notre union. Du moins je l'espère… comment savoir d'avance la manière dont on réagira dans une telle situation ? Mais j'insiste : les considérations matérielles fondamentales et la notion de justice concrète sont importantes pour moi.

*

Et puis, une certaine hypocrisie du féminisme vis-à-vis de la pauvreté des femmes doit être dénoncée. Ce n'est pas tant la pauvreté des femmes qui indigne certaines féministes, mais bien le fait qu'elles ne travaillent pas contre rémunération *et* que ce soit le revenu de leur conjoint ou ex-conjoint qui assure leur subsistance. Historiquement, cette position s'est donnée à voir de la manière la plus spectaculaire dans la position qu'a défendue le Conseil du statut de la femme au sujet de l'union de fait.

Car en effet, le Conseil s'est refusé pendant vingt ans à protéger les femmes en union de fait non officialisée contre leur appauvrissement advenant une séparation. Autrement dit, dans la célèbre cause, le Conseil était du côté d'Éric et non de celui de Lola. Pourquoi ? Parce que le féminisme considère comme un accroc au principe d'autonomie qu'une femme puisse réclamer de son ex-conjoint une pension alimentaire – fût-elle temporaire, le temps de se retourner et de reconstruire sa vie – pour son propre bénéfice plutôt que pour celui de ses enfants. La pauvreté post-séparation des femmes au foyer semble ne les préoccuper que fort peu*.

Rappelons-nous les propos de Francine Pelletier au sujet du mariage et des femmes entretenues, si épouvantablement conforme à la vision de l'autonomie financière portée par le féminisme institutionnalisé de sa génération. Ils se concluent comme suit :

---

* Sous la présidence de Julie Miville-Dechêne, le Conseil a toutefois finalement révisé sa position dans les heures qui ont suivi le verdict de la Cour suprême en janvier 2013.

Le régime d'union de fait n'est pas parfait pour autant. C'est vrai qu'il laisse dans le besoin beaucoup de femmes après une séparation, désavantagées du fait que ce sont elles qui font les enfants, avec les conséquences professionnelles qu'on connaît. Mais on ne fait pas d'omelette sans casser d'œufs.

En somme, selon cette logique, il est préférable de gagner son propre salaire, de ne pas le fusionner à celui de son conjoint, de ne pas faire établir un contrat d'union de fait, de cultiver sa sacro-sainte autonomie et d'être pauvre suite à une séparation que d'être une mère au foyer, mariée et bien pourvue financièrement en cas de rupture !

La sociologue Hélène Belleau est l'une des rares à critiquer cet argumentaire féministe sur l'union de fait. Dans son *Mythe du mariage automatique*, elle explique que le Conseil du statut de la femme a tiré des conclusions pour le moins douteuses du haut taux de l'emploi des femmes en union de fait afin d'éviter de revendiquer pour elles le droit à être protégées financièrement en cas de séparation. Le Conseil, en effet, se basait sur le fait que ces femmes sont un peu plus nombreuses que les femmes mariées à travailler contre rémunération pour prétendre qu'elles savaient ce qu'elles faisaient, et qu'il ne fallait pas les protéger contre leur gré.

Alors que des instances féministes et gouvernementales émettent d'innombrables documents destinés à informer les personnes vivant des situations très diverses, il semble qu'aucune publication dans les dernières décennies n'a ciblé les mères au foyer. Ainsi, la publication du Conseil du statut de la femme *Femmes et famille : suivez le guide (...)*, qui conseille les femmes sur tous les aspects de leur vie économique, professionnelle, sexuelle, parentale, juridique, etc., ne parle pas des recours juridiques et des stratégies qui s'offrent aux mères au foyer pour assurer leur sécurité financière. Si le féminisme endosse plusieurs causes liées à l'amélioration de la situation économique des femmes, la situation économique des femmes au foyer semble échapper à sa pugnacité.

*

J'étais il y a quelques mois au Toys'R'Us des Galeries de la Capitale, en banlieue de Québec. J'attendais à la caisse pour payer le cadeau d'anniversaire que mon fils de douze ans venait de sélectionner. Devant nous, une femme minuscule, presque rachitique, avec des cuisses de sauterelle dans des jeans ajustés était en train d'acheter une carte d'abonnement à un jeu en ligne pour son fils pré-adolescent qui attendait à ses côtés.

Je les observais. Le manteau bon marché aux couleurs criardes du fils, le maquillage de la mère, son sac à franges, les billets d'autobus dans son porte-monnaie, tout criait qu'il s'agissait d'une famille monoparentale qui joignait les deux bouts difficilement. La mère rayonnait pourtant de la joie d'offrir cet abonnement à son fils. J'ai pensé qu'ils attendaient tous les deux ce moment depuis longtemps. Le fils disait peu. Néanmoins, je sentais sa gratitude – c'est le mot qui décrit le mieux ce qui émanait de ces deux-là.

J'étais émue. Cette mère pourrait-elle être au foyer? me suis-je alors demandé. L'a-t-elle été? L'est-elle? C'est mon sujet d'observation préféré depuis plusieurs années. Mais je me suis arrêtée en pensée. Impossible, non. Elle est trop pauvre pour même l'envisager. Elle travaille certainement contre rémunération. Je me suis rendu compte que la possibilité qu'elle puisse être à la maison était choquante. Qu'elle me choquait, moi!

Mais pourquoi? Parce que son fil avait l'âge du secondaire? Parce que vivre de l'aide sociale est une déchéance? Parce que maternité au foyer, monoparentalité et pauvreté forment une équation absurde, grossière? Parce que ce privilège devrait être réservé aux personnes qui ont au moins les moyens d'acheter chez Simons le manteau d'hiver de leur fils adolescent?

Cette mère était en train de payer un abonnement coûteux à son fils. Il ne me venait pas à l'idée de juger ce à quoi elle dépensait son argent. Au contraire, j'étais attendrie qu'elle se serre la ceinture afin de faire plaisir à son enfant. Mais imaginer qu'elle choisisse de ne pas en gagner par un travail rémunéré me rendait mal à l'aise. Pourquoi? Parce que j'ai assimilé ces discours populistes sur les bénéficiaires de l'aide sociale? Parce que j'ai assimilé ces discours féministes sur l'absence automatique et évidente d'identité et d'autonomie que constitue le fait de ne pas avoir d'emploi rémunéré? Quel mal intrinsèque y a-t-il à être pauvre, sans emploi et à l'accepter?

L'aide sociale, autrefois, était accordée en priorité à celles qu'on appelait alors les «mères nécessiteuses», c'est-à-dire les veuves. On considérait inhumain et contre les bonnes mœurs de contraindre ces mères à quitter le domicile familial pendant des heures afin d'aller gagner les quelques sous qui leur permettraient de nourrir leurs enfants. Aujourd'hui, au contraire, on fait tout pour convaincre les mères monoparentales de confier leur enfant à un CPE et d'aller travailler. Et les mères les plus «nécessiteuses», aux yeux du gouvernement – celles qu'il convient de soutenir financièrement et matériellement de manière primordiale – sont celles qui occupent un emploi.

Il me semble parfois que la seule question véritablement pertinente n'est pas celle de la pauvreté, mais celle du jugement que nous portons sur elle et, surtout, sur le fait de ne pas occuper un emploi.

*

Aux États-Unis, ces dernières années, de nombreux chercheurs se sont intéressés à une classe sociale nouvelle : celle des travailleurs qui vivent sous le seuil de la pauvreté, les «*working poor*». De plus en plus de personnes qui gagnent des salaires ont recours à l'aide alimentaire. Il s'agirait de l'un des effets de la «walmartisation» de l'économie. Nous achetons le plus d'objets possible au plus bas prix possible que permet de fixer la rémunération la plus odieuse possible de ceux qui les fabriquent et les mettent en étalages.

Au Québec et au Canada, une fraction non négligeable des travailleuses vivant sous le seuil de la pauvreté sont des immigrantes qui acceptent de s'occuper des enfants de couples aisés à deux pourvoyeurs pendant quelques années afin de bénéficier ensuite d'un processus d'accéléré d'accession à la citoyenneté canadienne. Il s'agit des fameuses «aides familiales» ou «*nannies*». Ces femmes originaires de l'Asie du Sud-Est ou de l'Amérique latine quittent leurs propres enfants et leur famille et restent séparées d'eux pendant des mois ou des années afin de permettre à des Canadiennes et à des Canadiens privilégiés d'occuper des emplois de haut niveau extrêmement exigeants et payants. «Esclavagisme moderne», quelqu'un?

Sans tomber dans ces excès, la grande majorité des Québécoises qui travaillent contre rémunération ont régulièrement recours à des femmes de leur entourage, mère, sœur, tante ou voisine, éducatrices en CPE ou gardiennes en milieu familial, pour prendre soin de leurs enfants pendant qu'elles gagnent un salaire souvent plus élevé que celui qu'elles leur donnent (quand elles leur en donnent un).

Quelles femmes, exactement, tirent avantage du mantra féministe qui dit qu'il ne faut jamais cesser d'exercer un travail rémunéré? Une mère monoparentale de deux enfants qui a été caissière ou secrétaire toute sa vie peut-elle vraiment espérer une retraite dorée?

*

Mon idée est d'illustrer que le travail rémunéré n'est pas la panacée qui assurera le bien-être et la sécurité financière des femmes, et qu'il existe aussi d'autres façons de les protéger:

- Reconnaître la valeur des soins et du travail accompli à la maison de façon générale.

- Adopter une politique familiale qui tienne compte de la valeur de ces soins.

- Reconnaître la valeur de la contribution des personnes qui prodiguent des soins lors d'une séparation ou d'un divorce, peu importe qu'un contrat d'union de fait ait été établi ou non.

- Continuer d'insister auprès des mères et des pères pour qu'ils établissent un contrat d'union de fait.

- Faire évoluer les mentalités en milieu de travail pour que soient reconnues les compétences et capacités des mères au foyer qui font un retour à l'emploi.

- Investir dans des programmes de réinsertion adaptés pour les mères qui reviennent sur le marché du travail.

Par ailleurs, je répondrais par quatre arguments à la critique féministe – que les médias présentent souvent comme imparable – selon laquelle la maternité au foyer est un idéal bourgeois, égoïste et... inaccessible.

Primo, le fait qu'un idéal ne soit pas accessible à tous ne le discrédite pas.

Secundo, le fait d'avoir un emploi satisfaisant et la capacité de se prévaloir d'un congé parental d'un an est aussi, dans une certaine mesure, un idéal bourgeois. On voit mal, en effet, comment un parent monoparental typique pourrait se prévaloir d'un congé de maternité ou de paternité de quelques semaines à 75 %, puis à 55 % de son salaire. De la même façon, un parent qui est l'unique pourvoyeur d'une famille biparentale est limité dans sa capacité à se prévaloir de ce congé, comme son conjoint n'a pas de revenus.

Tertio, offrir de meilleurs services de santé, une aide directe plus généreuse aux familles et des environnements plus harmonieux peut être une manière plus efficace de lutter contre la pauvreté que de mettre tous les parents au travail rémunéré.

Et enfin, *quarto*: il arrive que les mères au foyer soient mieux protégées financièrement que celles qui ont travaillé contre rémunération toute leur vie.

Les guillemets du choix

Les féministes ne traitent jamais du choix des mères d'être à la maison sans mettre le mot «choix» entre guillemets. Elles soulignent ainsi que les choix faits par les individus sont forcément limités par les structures sociales. Il est difficile de le réfuter. Si nous disposions toutes d'un bataillon de gardiennes, cuisinières, jardinières, femmes de ménage pour nous aider dans notre quotidien, nous ferions probablement des choix de conciliation famille-travail très différents.

Ce qui est plus difficile à admettre, toutefois, c'est que, comme tous les idéologues, les féministes choisissent les notions qu'elles mettent entre guillemets. Être à la maison est un «choix». Mais travailler contre rémunération est une expression d'intelligence inattaquable, qu'il n'est pas nécessaire d'analyser en fonction de son contexte social, je suppose.

Il est vrai qu'il fut une époque où rester à la maison auprès de ses enfants pouvait difficilement passer pour une option parmi d'autres, étant donné les difficultés qui se dressaient sur le chemin des mères qui voulaient travailler contre rémunération. Mais les temps ont changé, et je ne suis pas loin de croire que la situation s'est en fait inversée. À mes yeux, c'est le «choix» de travailler contre rémunération qui mériterait, de nos jours, les guillemets.

Il reste que pour les féministes, c'est le choix d'être au foyer qui est problématique, et ce, pour trois raisons principales:

- D'abord, parce que les politiques de conciliation famille-travail continuent selon elles d'être insuffisantes. Les mères à la maison n'ont donc pas véritablement le choix de travailler contre rémunération que si elles le désirent. Si elles optent pour un retrait du travail rémunéré, c'est par épuisement ou par dépit.

- Ensuite, parce que la société et les stéréotypes qu'elle véhicule font en sorte que les mères se sentent obligées de prodiguer les soins et que les hommes n'élargissent pas les possibilités qui s'offrent à elles en «s'y collant» eux aussi.

- Finalement, parce que l'incertitude économique empêche les femmes de faire des choix libres des contraintes pragmatiques et matérielles.

*

Pour les mères que j'ai interrogées, être au foyer n'en demeure pas moins un choix de vie. Un choix dont elles savent qu'il va à l'encontre des valeurs dominantes. Elles soulignent toutes la démarche de réflexion, de distanciation et d'affirmation par rapport aux normes qu'il leur a fallu entreprendre afin d'arriver à faire ce choix. Toutes les mères ne sont pas capables d'être à la maison, affirment-elles en substance. Il faut être forte. Il faut être capable de réfléchir par soi-même. Il faut être en mesure de remettre la norme en question, et de la rejeter.

Elles se voient comme émancipées parce qu'elles ne se sont pas laissé imposer de passer leurs semaines à accomplir un travail rémunéré qui pourrait leur procurer une plus grande capacité de consommer. Loin de considérer que ce choix résulte d'un éventail réduit d'options, il constitue à leurs yeux l'un de leurs accomplissements qui a le plus contribué à élargir le cadre de leur vie. Voici ce que me confiait Marie-Hélène :

— Il faut être forte, et puis, il faut être convaincue. Il faut vraiment aimer ce qu'on fait, c'est sûr.

—Convaincue de quoi?

—Convaincue que c'est bien d'être à la maison, qu'on n'est pas obligée de vivre cette vie-là, rapide, ultra-rapide, de stress. Pour les femmes que j'ai interrogées, être mère au foyer aujourd'hui est donc un acte d'affirmation. Elles soulignent pour la plupart que c'est ce qui distingue leur situation de celle des mères au foyer d'autrefois. Ces mères, jugent-elles en effet, étaient obligées d'être à la maison. Or, pour les femmes qui m'ont parlé, le choix est une composante absolument essentielle de l'expérience. Il n'est pas bon qu'une mère reste à la maison si ses aspirations la poussent à travailler.

S'il semble parfois aux mères que j'ai interrogées que la société tend désormais à imposer le choix contraire (travailler contre rémunération), elles se félicitent de ce que la meilleure éducation des mères québécoises et le fait qu'elles ont leurs enfants plus tard qu'auparavant soutiennent leur capacité de prendre une décision autonome fondée sur leurs désirs. Pour elles, le fait d'exercer un autre choix que celui que fait la majorité leur confère une identité libre et affirmée.

L'aisance financière, à leurs yeux, a peu à voir avec la capacité de choisir. Au contraire, le fait que la plupart des mères aient dû réduire leur train de vie à la suite de leur décision est une source de fierté, la marque de leur capacité à vivre sereinement avec les conséquences d'un choix détaché des seules considérations matérielles, d'un choix qu'elles jugent être le meilleur pour leur famille.

*

Les mères au foyer que j'ai interrogées se font souvent dire qu'elles sont *chanceuses*. Elles n'apprécient pas particulièrement cette remarque, c'est peu dire. Même si elles pensent toutes, en accord avec la représentation sociale dominante, que ce ne sont pas tous les conjoints qui gagnent un salaire suffisant pour faire vivre une famille, la notion de «chance», jugent-elles, ne rend pas compte du choix qu'elles ont fait en décidant d'être à la maison.

Oui, j'ai la chance d'avoir un chum qui gagne assez d'argent, mais on fait des choix de vie, qui sont aussi adaptés à nos valeurs. Il y en a plein qui pourraient rester à la maison, mais qui ne pourraient pas avoir deux autos, ou aller dans le Sud à chaque année. (Geneviève)

On me dit souvent: «Ah! t'es chanceuse de pouvoir faire ça.» Oui, c'est vrai. Si mon chum gagnait 20 000 dollars par année, je ne pourrais pas. Sauf qu'on a fait des choix, aussi. On a acheté une maison à moins de 95 000 dollars et on est dans les travaux depuis huit ans. On s'est mis à acheter tout usagé, et on a changé notre manière de vivre. Mais ça tombait bien, parce que ça correspondait de toute façon à mes valeurs à moi. (Sylvie)

C'est pas une question de chance. C'est une question de choix. Moi, j'ai une minoune dans la cour, je ne pars pas dans le Sud l'hiver, et je m'habille au Village des Valeurs. C'est un choix que je suis contente de faire! J'en suis fière, mais ne me dites pas que je suis chanceuse! (Émilie)

Il y a le regard des autres, qui dit souvent: «Ah! toi, on sait bien, t'as le temps de faire tout ce que tu veux dans la journée», ou «Tu ne connais pas ça, tu ne sais pas ce que je vis, les horaires...» C'est vrai que je ne le sais pas, mais je l'ai déjà su. En même temps, je voudrais répondre: «Toi tu as deux enfants, moi j'en ai quatre; toi, tu as un chum à cinq heures, moi je suis seule pendant quatre jours»; il y a des comparaisons, des choix à faire. (Sophie)

*

Une perception très répandue dit que les féministes «se sont battues pour que les femmes aient le choix». Mais c'est largement faux. Au cours des décennies, il y a certes eu des féministes qui ont soutenu le choix des mères d'être à la maison si elles le désirent. Encore aujourd'hui, il existe un féminisme du choix... que le féminisme dominant insère fréquemment entre des guillemets d'ailleurs afin d'en miner la crédibilité. Mais le courant principal du féminisme québécois, depuis les années 1960, s'est battu pour que les femmes travaillent contre rémunération. Point. Le féminisme dominant mène une lutte pour l'indépendance financière des femmes et pour l'égalité entre les femmes et les hommes. Bien des droits et des principes ont été sacrifiés au nom de cet objectif ultime : le libre arbitre de chacune et la dignité des soins. Comme l'écrit Francine Pelletier : on ne fait pas d'omelette sans casser des œufs...

*

Avant de critiquer la validité du choix des mères au foyer, il faut non seulement tenir compte de l'élargissement indéniable du domaine du choix qui s'offre aux femmes et aux hommes durant les cinquante dernières années, mais aussi se poser la question suivante : prétendre que travailler contre rémunération est un choix pose-t-il moins problème ?

Après tout, le désir de conformité ainsi que les pressions de l'entourage et de la société ne jouent-ils pas un rôle dans la décision de travailler contre rémunération ? Les idéaux de performance et le prestige n'obligent-ils pas certaines personnes à se démener au travail au-delà de leurs capacités physiques et psychologiques ? La réduction continuelle des salaires en dollars constants et du pouvoir d'achat n'en contraint-elle pas d'autres à prendre des décisions qui n'ont rien d'idéal ? Et enfin, l'opposition de leurs conjointes ou conjoints n'empêche-t-elle pas certaines personnes de travailler moins ?

*

Le fantasme féministe qui voudrait que les femmes qui gagnent leur propre salaire ne seraient contraintes et déterminées en rien tourne à vide lorsqu'on l'examine de près. Et malgré le respect que je lui dois, j'en viens à la conclusion que, comme toutes les idéologies, le féminisme cherche à imposer les contraintes qui lui paraissent les plus légitimes. En cela, la notion de choix est assez étrangère à ses principes.

Le haut-parleur

C'est comme un bruit de fond. Ça me fait souvent penser aux haut-parleurs, on voit ça en temps de guerre, le gouvernement qui diffuse des messages par des haut-parleurs dans les rues. Et tout ce qui est dit, c'est: «Mets ton enfant à la garderie et retourne travailler... Mets ton enfant à la garderie et retourne travailler....» Ça roule en boucle. Cent fois par jour, ça tourne. Et cent fois par jour, tu te dis: «Mais non! Moi je reste à la maison, je m'occupe de mes enfants!» Sauf que, il suffit que tu sois négligente, fatiguée, crevée, ou que ça aille moins bien, pour qu'à un moment donné, sans le vouloir, tu te mettes à te dire: «Faudrait bien que je mette mon enfant à la garderie et que je retourne travailler!» Alors là, tu ressors ton CV et tu fais des démarches. Et puis, à un moment, tu te dis: «Eh! Oh! C'est pas du tout ça que je veux faire, moi!» Mais c'est comme s'il fallait toujours opposer une résistance...

– Émilie

Des enfances en CPE

Le discours féministe insiste depuis longtemps sur le fait que le travail rémunéré des mères n'affecte pas l'équilibre des enfants, afin de contrer l'influence de certains théoriciens de l'attachement et de courants de pensée conservateurs ou religieux. Pour le féminisme, la moindre allusion à la possibilité que les enfants puissent avoir un besoin particulier de leur mère est le début d'une pente glissante qui mène à enfermer les mères à la maison pour qu'elles se consacrent exclusivement à leurs petits. «Un enfant attaché égale une mère enchaînée» semble être son raisonnement.

C'est pourquoi, devant le fait indéniable que les parents passent relativement peu de temps auprès de leurs enfants parce qu'ils sont souvent au travail, le discours dominant insiste sur la qualité, plutôt que sur la quantité, du temps passé avec les enfants. Pour les féministes, ce temps doit évidemment être divisé de façon égale entre la mère et le père. Mais comment parler de «temps de qualité» dans le contexte de course folle et de stress qui est (comme le montrent clairement de nombreuses études québécoises et canadiennes, dont celle, importante, de Duxbury et Higgins) le lot de bien des familles ?

Car il ne suffit pas de désirer passer du temps auprès de son enfant. Il faut avoir les capacités physiques et psychiques de le faire en fin de journée. Personnellement, je ne suis jamais arrivée à vivre une vie chronométrée, planifiée, surchargée de l'aube au crépuscule. Je pense que d'autres n'y arrivent pas non plus. Les indices circonstanciels s'accumulent : congés de maladie à répétition, anxiété, dépression, surmédication, manque de sommeil, embonpoint, consommation excessive d'alcool, migraines, hypertension, maladies cardiovasculaires, etc., sont associés dans de nombreux articles scientifiques au stress de concilier famille et travail rémunéré. Nos meilleures intentions et tout l'amour que nous portons à nos enfants ne suffisent pas toujours à faire naître comme par enchantement l'attention, la patience et l'énergie nécessaires pour créer chaque soir, entre 18 heures et 20 heures, un « moment de qualité ».

Certaines personnes y arrivent, je ne le nie pas. J'ai lu suffisamment de témoignages féministes de tout acabit pour savoir que les récits de super-conciliatrices existent. Je pense néanmoins qu'il est vain de les proposer comme modèle universel. Toutes les femmes n'ont pas la taille mannequin. La plupart d'entre nous ne nous en approcherons jamais, en dépit des encouragements, conseils, méthodes et régimes qui nous seront donnés pour y arriver. De la même façon, le modèle des deux parents pourvoyeurs qui passent du temps de qualité avec chacun de leurs trois enfants à la fin d'une journée passée à accomplir un travail rémunéré exigeant est largement utopique. Et ce, en dépit du nombre ahurissant de publications qui nous expliquent chaque année comment organiser notre temps et quelles résolutions prendre pour y arriver. Avec le résultat contre-productif que plusieurs parents – et plus particulièrement des mères – se retrouvent non seulement épuisés, mais aussi accablés d'un immense sentiment d'échec et de culpabilité.

Ces dernières années, on a écrit des rivières au sujet de la fatigue, de l'insatisfaction et de la culpabilité des mères qui concilient famille et travail. Le féminisme a évidemment plaidé que les mères désirent continuer de travailler malgré les difficultés parce que le sentiment d'accomplissement et la satisfaction qu'elles tirent de leur emploi compensent leur éreintement et l'inconvénient d'avoir moins de temps qu'elles le voudraient à consacrer à leurs enfants. Mais les femmes ont-elles le choix de désirer travailler dans une société qui leur martèle qu'elles ne sont rien si elles n'occupent pas un emploi rémunéré? Les femmes osent-elles s'avouer, le cas échéant, qu'elles préféreraient ne pas concilier famille et travail? Le féminisme a aussi suggéré que les femmes devraient faire comme les hommes et se préoccuper un peu moins de l'impact de leur comportement sur chaque minute de la vie de leurs enfants. Il a critiqué l'hypermaternité, cet emballement contemporain des attentes et des normes auxquelles les mères croient devoir se soumettre en matière de soins aux enfants.

Il a eu raison de le faire. Le paradoxe du féminisme est qu'il s'érige contre toutes les autres idéologies au nom de la liberté des femmes à mener leur vie comme elles l'entendent. Mais ce faisant, le féminisme a ignoré un aspect fondamental de la question : plusieurs mères *désirent* – voire souhaitent ardemment – passer plus de temps auprès de leurs enfants. Qu'elles aiment leur travail rémunéré ou non ne change rien à l'affaire : la plupart des mères rêvent de passer plus de temps auprès de leurs enfants et seraient prêtes à sacrifier une partie de leur accomplissement professionnel si elles considéraient qu'elles ont la possibilité de le faire.

En fait, c'est assez surprenant : le premier entraînement psychologique, le premier apprentissage que font les futures mères québécoises contemporaines quand elles découvrent qu'elles attendent un enfant est celui de la nécessité de s'en séparer. L'une des premières questions qu'on pose aux femmes enceintes est : «Comment allez-vous le faire garder?»

Les femmes enceintes, c'est connu, sont la proie de peurs multiples. La peur de prendre du poids, d'avoir pris un verre de trop avant de savoir qu'elles étaient enceintes, des fausses couches, de manquer de vitamines, d'accoucher trop tôt, trop tard, trop vite, peur d'accoucher tout court, peur d'être une mauvaise mère, et j'en passe. Ces craintes sont normales, sinon toujours entièrement rationnelles. De tout temps, et dans toutes les sociétés, les mères se sont fait du souci pour leur enfant à naître. Dans certaines sociétés, elles ont aussi vécu

des mois d'angoisse à la perspective d'une séparation assurée
d'avec leur bébé. Au Québec, des générations de mères ont
ainsi dû donner la responsabilité de leur nouveau-né à des
parents ou à des inconnus parce qu'elles-mêmes ne dispo-
saient pas de la légitimité nécessaire à la maternité : elles
n'étaient pas mariées.

Ce qui est cependant inédit, de nos jours, c'est que l'obligation de séparation subsiste dans un contexte de richesse
collective, d'individualisme et de sécularisation. Ni la religion
ni la misère ne contraignent désormais les mères à se séparer
de leur enfant. Grâce au droit à l'avortement, à la contracep-
tion et à l'instauration de rapports plus égalitaires entre les
femmes et les hommes, nous pouvons désormais ne mettre au
monde que les enfants que nous désirons. Comment se fait-il,
dès lors, que nous continuions de planifier de nous en séparer ? Comment se fait-il que l'une de nos peurs les plus poi-
gnantes, tout au long de nos grossesses, soit de nous retrouver
avec « nos enfants sur les bras » ?

Des pressions diverses et nombreuses continuent de peser
sur la façon dont nous vivons la maternité, on l'a vu. Mais la
question demeure : dans un monde riche, individualiste et
laïque où les femmes choisissent le plus souvent d'avoir des
enfants ; dans un monde, qui plus est, où les femmes comme
les hommes continuent, enquête après enquête, d'affirmer
que la famille est ce qui revêt le plus d'importance à leurs
yeux, bien avant le travail, comment se fait-il que mettre des
enfants au monde implique de très rapidement s'en séparer ?

En tant qu'accompagnante à la naissance, j'ai été témoin
de la façon dont les femmes québécoises planifient la venue
de leur bébé : il s'agit d'abord de déterminer la date idéale pour
concevoir l'enfant, voire la date idéale de sa naissance (ce
genre de choses se planifie de plus en plus de nos jours) ; puis
de trouver où le faire garder.

Étant donné la rareté des places en CPE, je comprends évidemment la légitimité de ce souci. Mais j'ai souvent constaté
l'étonnement, la mélancolie, voire l'amertume qu'éprouvent
certaines mères au moment de confier leur bébé à un CPE ou à

une garderie en milieu familial qu'elles avaient souvent – car le choix en la matière est loin de toujours être possible – méticuleusement sélectionné. Pourquoi ne les avait-on pas averties du déchirement qu'elles vivraient ? Il y a beaucoup à dire sur la garde non parentale et ses effets sur le développement des tout-petits. Personnellement, je prends avec un grain de sel ce que je lis à ce sujet. Prenez *Le bébé et l'eau du bain,* par exemple, essai québécois traitant des effets de la garde à temps plein. À sa parution en 2006, il a suscité les protestations indignées des féministes, mais aussi d'une grande partie de la population, qui a semblé considérer le fait de poser des questions au sujet de la garde non parentale comme une condamnation sans appel. Il est vrai que les auteurs ne me semblent pas avoir tenu compte de la plasticité du cerveau et de la résilience des enfants. Mais la réaction au livre montre que le sujet est très sensible.

Chose certaine, ce n'est pas demain la veille qu'on approchera de la Vérité en ce qui concerne le bien-être de nos bébés : faut-il les confier à un CPE pour qu'ils profitent le soir de parents épanouis par leur travail rémunéré et capables de leur acheter ce qui se fait de mieux en matière de cours de musique et de jeux vidéo ? Est-il préférable, au contraire, de les garder à la maison afin d'assurer leur attachement premier à leurs propres parents ? Les enfants défavorisés ont-ils plus, ou moins besoin que les autres de se développer à proximité de leurs parents ? Et qu'est-ce, au fond, que le bien-être ? Qu'est-ce qui est le plus important ? Le sentiment de sécurité, la chaleur, le ronron de la vie familiale ? Ou la peur surmontée, le dépassement de soi, la crainte de ne jamais revoir papa quand il quitte le CPE le matin, qui se trouve apaisée lorsqu'il revient, en fin de journée ? Le calme ou la stimulation ? Un mélange des deux ?

Je doute que nous approchions d'une réponse claire avant longtemps. Peu importe. L'important, pour l'instant, est de continuer de nous poser ces questions et de demeurer ouverts à toutes les explications. Pour ma part, toutefois, j'estime que certains des enjeux fondamentaux liés à la garde des enfants sont escamotés dans ce débat. Ces enjeux se situent du côté des parents, et plus particulièrement des mères : comment nous sentons-nous à l'idée de nous séparer de nos enfants ?

*

J'ai donné la vie à mon fils aîné à Hardenberg, aux Pays-Bas. C'était en 1996, et j'avais 22 ans. À quatre mois de grossesse, j'étais allée vivre dans le pays de mon conjoint, qui était aussi jeune que moi. J'ai passé la seconde moitié de ma grossesse à lire, à me reposer, à m'adapter à la vie à l'étranger dans une petite ville charmante, mais paisible au point d'en être barbante. J'ai dormi tous les après-midi.

Je me souviens encore de la première nuit passée avec mon enfant. Pendant des heures, je l'ai tenu dans mes bras. Je l'ai humé, bercé, adoré. J'étais folle de ce bébé. Je lui ai murmuré des promesses enflammées.

Les semaines ont passé. Sans l'ombre d'un doute, j'avais la maternité dans le sang. Mon nouveau rôle n'allait pas de soi pour autant. Mes amies québécoises m'écrivaient des lettres : «Je termine ma maîtrise.» «J'ai un nouveau chum.» «T'aurais dû voir le party qu'on a viré hier soir.» Je me sentais plus vieille que mon âge. Et j'étais dépitée de constater que mon bébé pleurait souvent. Il m'arrivait d'éprouver une nostalgie intense pour ma vie d'avant, quand je pouvais faire ce que je voulais, sortir, m'amuser, dépenser. Je dirais que les six premiers mois de mon enfant m'ont transformée profondément. J'ai souffert à certains moments, mais jamais néanmoins il ne m'est venu à l'idée de me séparer de lui. De le confier à quelqu'un d'autre pour aller travailler contre rémunération.

Quand, cinq ans plus tard, je suis revenue m'établir au Québec, un même commentaire m'est revenu avec une fréquence ahurissante : «Tu es à la maison ? Chanceuse ! Comment tu as fait pour prendre cette décision ?» La seule chose que je parvenais à répondre était que j'étais jeune et loin de chez moi quand j'étais devenue mère. Qu'au Québec, dans ma propre société, je n'aurais jamais pu agir aussi naturellement.

J'aurais été trop consciente des normes, des attentes et des préjugés. L'opinion des Néerlandaises ne m'importait pas. Elle aurait été plutôt favorable, de toute façon.

*

Il s'est écrit tant de choses au sujet du bien ou du mal que nous infligeons aux enfants en les confiant ou non à des éducatrices rémunérées. Plusieurs d'entre nous endurent péniblement ce genre de débats, qui nous fait ressentir de la culpabilité.

Pourtant, le plus important n'est peut-être pas de savoir une fois pour toutes si les enfants sont mieux à la maison ou dans un CPE, mais bien de nous demander ce que cela fait à leur mère de se sentir libre, ou non, de prendre cette décision. Le bien-être des mères passe avant celui des enfants car l'un fonde l'autre, la plupart du temps.

Les mères ont-elles absolument besoin de leurs enfants ? Peut-on leur subtiliser leur petit et le remplacer par un autre, auprès duquel elles développeront « normalement » leur propre besoin d'attachement ? Le bébé d'une mère peut-il se réduire à une série d'images défilant sur un écran dans un cubicule de quatorzième étage ? Une éducatrice en CPE retire-t-elle la même satisfaction à s'attacher à des enfants qui ne sont pas les siens que si elle prenait soin des siens avec la même intensité ?

Certes, plusieurs sociétés ont séparé les mères de leurs petits. C'est le cas des Parisiennes du Moyen-Âge et de la Renaissance, dont s'est servi Elisabeth Badinter pour avancer que l'instinct maternel est une invention. Je ne dis pas qu'elle a nécessairement tort. Mais montrer que toutes les femmes ne sont pas pourvues des mêmes capacités maternelles ne prouve pas que ces capacités n'existent pas. En tout état de cause, la séparation généralisée des Parisiennes du XVᵉ siècle et de leur enfant n'a pu s'exercer qu'au terme de siècles de conditionnements culturels puissants – et à la condition d'imposer la rupture mère-enfant dès les instants suivant la naissance.

Par ailleurs, sans l'ombre d'un doute, les bébés et les enfants occidentaux se portent beaucoup mieux depuis que leurs mères, au tournant du XXe siècle, se sont remises à s'occuper d'eux. L'amélioration des conditions d'hygiène y est évidemment pour beaucoup. Mais Badinter elle-même explique que si les mères n'avaient pas eu le souci du bien-être de leurs petits, ces améliorations n'auraient pas eu la diffusion rapide qu'elles ont connue. Il semble que, peu importe la forme que prend l'attention des mères, elle est bénéfique pour leurs enfants.

Des mères souffrent de se sentir retenues à la maison, d'autres souffrent d'être séparées de la portion diurne de l'enfance de leurs filles et de leurs garçons. Il faut que cela soit dit. Les femmes doivent pouvoir·sentir qu'elles ont la possibilité de vivre leur maternité de la façon qui s'arrime le mieux à leurs besoins, à leurs valeurs et à leurs intuitions. Le choix véritable *et* le respect social de ce choix sont ce qui s'approche le plus d'une garantie que la maternité et l'enfance pourront être bien vécues.

*

Dès le début des années 2000, le collectif d'accompagnement à la naissance auquel j'appartenais a commencé à expliquer que la compréhension des bienfaits de l'allaitement maternel ne doit pas aboutir au jugement des décisions que prennent les mères à ce sujet. Les mères doivent demeurer libres de nourrir leur enfant de la façon qui leur paraît la plus appropriée. Les débordements auxquels ont donné lieu les campagnes de promotion de l'allaitement au sein sont désormais bien documentés et, heureusement, des femmes commencent à se sentir libres d'exprimer qu'elles désirent conserver leur capacité de choix en la matière.

Mais nous assistons maintenant à la montée d'un dogmatisme en matière de congés de maternité. Des mères commencent à témoigner des pressions très fortes qu'elles subissent pour qu'elles utilisent la totalité du congé de maternité auquel la Loi sur l'assurance parentale leur donne droit. Il faut désormais être bien solide pour oser affirmer son choix de retourner au travail six mois après la naissance de son enfant, et pour le faire! Je salue le courage des mères qui affirment savoir ce qui est bon pour elles et pour leur famille, y compris si cela aboutit au retour au travail rémunéré des deux parents quelques mois ou même quelques semaines après la naissance de leur enfant. Je dénonce tout opprobre, tout contrôle normatif des comportement des femmes et des mères.

Il est donc juste que nous défendions le droit des mères à nourrir leur enfant comme elles le souhaitent et à travailler autant que bon leur semble. Mais que dit-on de la souffrance des mères qui, au contraire, se sentent forcées de se séparer de leur enfant au terme de leur année passée en congé de maternité?

Car ça fait mal, parfois – physiquement et psychiquement – de se séparer de son enfant.

Dans *Le bébé et l'eau du bain*, Jean-François Chicoine rappelle que les bébés ne sont pas des marchandises inertes que l'on peut parquer des heures entières dans des CPE sans se poser de questions. Il rappelle que les enfants sont des êtres biologiques dotés de corps, de cerveaux et d'émotions. Je pense qu'il a raison de le rappeler. Nous agissons trop souvent comme si les codes sociaux que nous nous sommes donnés étaient plus «naturels» que les êtres qu'ils contrôlent et mettent au pas. Mais ce que je veux ici affirmer, c'est que les mères aussi ont des corps et des émotions! Comment peut-on penser que le fait de leur permettre de décider de leur date de retour au travail un an d'avance, et de mettre à leur disposition un réseau de garderies puisse garantir leur sérénité?

«Comme bien des femmes de ma génération, je me suis toujours sentie tiraillée entre mes convictions féministes et ce que je ressentais au plus profond de moi, c'est-à-dire ce que j'imagine être ce qu'il y a de mieux pour mes enfants», écrit la coauteure de *Le bébé et l'eau du bain*, Nathalie Collard.

Il peut être douloureux de se séparer de son enfant. Les mères ont autant besoin de leur bébé que leur bébé a besoin d'elles. Il faut pouvoir l'écrire.

*

Au bout de cinq années passées en CPE ou en milieu de garde familial, la plupart des enfants québécois entrent à l'école... et au service de garde. Souffrent-ils de cette enfance entière passée loin de leur foyer et de leurs parents ? À mon sens, parfois oui, parfois non. Mais le fait même de suggérer que la réponse n'est pas toujours non fait de moi une hérétique aux yeux du féminisme. Considérant qu'il revient à chacune de trouver la réponse à cette question, je voudrais que deux principes soient pris en considération :

- Premièrement, nous savons que la réponse à apporter varie selon les circonstances, les caractères, les besoins, les désirs, le temps et l'énergie disponibles. Il ne s'agit pas de lire toujours plus sur la question et d'attendre de la science la solution définitive. Nous savons rationnellement et intuitivement ce qui est en jeu dans la garde de nos enfants pour peu qu'on accepte d'affronter la réalité avec lucidité. Bien des choix sont possibles, dignes et bons si nous les effectuons en connaissance de cause. Il faut en revenir à ce que nous connaissons de nos enfants, de nous-mêmes, de nos besoins et de nos envies d'accomplissement. À ce que nous ressentons. Ne laissons ni les experts ni les idéologues nous imposer la façon dont nous équilibrons famille et réalisation professionnelle.

- Deuxièmement, la responsabilité doit jouer. Car s'il est vrai que l'individualisme et le féminisme constituent des libérations, que nous ne devons pas accorder aux multiples besoins de nos enfants une centralité absolue qui confinerait à la tyrannie et que nous avons acquis de haute lutte le droit de décider ce que nous voulons faire de nos vies, nous ne devons pas pour autant perdre le sens de l'éthique et du bien-être d'autrui. Nos enfants sont un frein à nos envies. Indéniablement. Mais c'est le propre de toute responsabilité. Plutôt que de chercher à rendre leur existence toujours moins contraignante, nous devons accepter de lui donner l'espace qui lui revient.

Il ne s'agit pas de s'oublier et de laisser nos enfants nous mener par le bout du nez. On a maintes fois souligné la corrélation entre les enfants rois et le peu de disponibilité des parents. Hier, j'ai passé une heure auprès de mon fils de douze ans à son retour de l'école pour l'aider dans ses devoirs. (Je ne le fais pas tous les jours : je désire au contraire qu'il exécute ses travaux seul dans la mesure du possible.) Au bout de cette heure, je suis montée dans mon bureau pour travailler un peu avant le souper. Lorsqu'il a surgi auprès de moi en m'interpellant, je l'ai arrêté fermement : « Je t'ai donné une heure de mon temps. Maintenant, je travaille. Attends ton père ou trouve toi-même une solution. » Avoir une quantité substantielle de temps à consacrer à mes enfants fait qu'il est plus aisé pour moi de leur d'imposer des limites et de respecter ainsi mon propre besoin de travailler et de me réaliser.

Il ne s'agit pas non plus de maintenir éternellement une symbiose merveilleuse. Je considère au contraire qu'il faut respecter l'élan de nos enfants vers l'autonomie et la responsabilité. Il m'arrive d'avoir envie de protester en disant à mon fils aîné, qui a maintenant 17 ans : « Mais j'ai été tellement présente pour toi au début de ta vie ! Comment peux-tu avoir grandi si vite ? Comment oses-tu te passer de moi ? Comment est-il possible que je ne sache plus rien de ton emploi du temps ? »

Les occasions de me détacher un peu plus de lui ont été nombreuses au cours des années. Et souffrantes, chaque fois. Mais je pense qu'elles l'auraient été encore plus si la séparation initiale avait été précipitée, forcée ou imposée. Si je parviens chaque fois à surmonter les deuils qui sont liés à la croissance de mon fils aîné, malgré mon désir irrationnel qu'il reste à jamais tout petit, c'est notamment parce que j'ai fait le plein de lui, que je m'en suis rassasiée, que j'ai ancré solidement l'attachement que je ressens envers lui jusqu'au plus profond de moi aux tout débuts de sa vie.

*

Travailleuses sociales, pédopsychiatres et intervenants en tout genre répètent depuis des années que l'absence exagérée des parents est une souffrance pour les enfants *et* les adolescents – car le besoin qu'ont les 8 à 18 ans de la proximité non intrusive de leurs parents est trop souvent occulté.

Les sociologues s'inquiètent de l'augmentation constante du temps que les parents passent en dehors du foyer familial dans nos sociétés.

Les féministes insistent au contraire sur le fait que les mères qui travaillent contre rémunération sans jamais s'arrêter après leur congé de maternité d'une année sont heureuses et épanouies et qu'elles offrent un modèle d'accomplissement à leurs enfants. Elles déploient de grands efforts depuis des décennies afin de démontrer, études à l'appui, que les longues heures passées en garderie n'affectent pas le développement des enfants – ou alors qu'elles les affectent positivement. Elles n'abordent jamais la question de l'absence des parents d'adolescents.

Alors non, on ne sait pas avec exactitude l'effet que peut avoir la garde non parentale sur les enfants de 1 à 5 ans et les longues heures d'absence du foyer des parents d'adolescents. Trop de facteurs personnels et sociaux, culturels et biologiques s'entremêlent pour qu'une solution unique satisfasse les besoins de toutes les familles. Néanmoins, un fait demeure : les bébés humains sont néotènes, c'est-à-dire qu'ils naissent avec des inachèvements importants, et mettent des mois et des années à compléter leur processus de maturation. Les premières années des enfants sont fragiles et cruciales pour leur développement. Cela, aucune idéologie ne saurait le nier.

Cinq enfants

Un jour, quand j'avais quinze ans, quelqu'un m'a demandé si je désirais avoir des enfants, et combien. Je me suis entendue répondre sans hésitation : «J'en veux cinq.» Je ne savais pas que je le savais.

Je voulais cinq enfants, mais j'en ai eu trois. Sourire en coin, je précise que cela n'a pas été mon «choix». Si l'État avait mieux soutenu financièrement mon projet d'élever cinq enfants – si j'avais pu payer correctement des personnes qui m'auraient aidée, notamment – alors j'aurais eu ces enfants. (Que dis-je «mieux soutenu»? L'État québécois ne soutient pas du tout les parents qui gardent eux-mêmes leurs enfants.)

À mes yeux, il n'y avait pas de sens à quitter la maison pour travailler contre rémunération afin de pouvoir mettre au monde deux autres enfants. Je ne désirais des enfants qu'à condition de pouvoir les garder auprès de moi pendant un certain temps.

Faire mon deuil de ces deux enfants de plus a été difficile. Je me suis rendu compte que depuis toujours, je portais leur existence potentielle en moi. Que j'avais tenu pour acquis qu'elle se matérialiserait un jour. J'ai passé au moins cinq ans à supplier mon conjoint chaque jour d'envisager d'avoir au moins un autre enfant. Ce n'était pas raisonnable financièrement. J'étais d'accord, mais je ne l'admettais pas.

Longtemps je me suis demandé pourquoi je désirais tant m'entourer d'enfants. Depuis mon retour d'Allemagne à la fin de mon adolescence, j'étais angoissée. Le monde me faisait peur. L'avenir aussi. Quel sens y avait-il à avoir des enfants si je ne croyais pas aux chances de l'humanité? De quel droit mettre au monde des êtres innocents qui seraient aux prises avec les conséquences de notre inaction face aux changements climatiques? Et puis il y avait la question de la démographie. Planète surpeuplée, océans de plastique... J'ai toujours tout pris trop au sérieux. «Après moi le déluge»? Très peu pour moi.

Et pourtant, j'ai eu trois enfants.

Je suis devenue végétarienne. J'ai vécu sans voiture pendant plusieurs années. Je me suis vêtue du minimum, de vêtements recyclés. J'ai limité mes déplacements en avion, la durée de mes douches et ma consommation de produits de beauté. Mais avoir mes enfants, rien n'aurait pu m'en empêcher, notre empreinte écologique pas plus que les injonctions féministes.

Les gens déclarent souvent qu'ils ont des enfants pour affirmer leur amour, ou par un désir de prolongement, de perpétuité. Pour moi, c'est autre chose, une pulsion archaïque, primitive, un élan impossible à raisonner. Ce sentiment est ce que j'éprouve de plus proche d'un déterminisme biologique. Et bien que je ne puisse par ce seul témoignage prouver la réalité d'un tel déterminisme, il existe pour moi.

Je sais bien que toutes les femmes ne rêvent pas d'être mères et ne consacrent par la part congrue de leur enfance à bercer des poupées. Je respecte profondément le sentiment des femmes qui choisissent de ne pas avoir d'enfants.

Mais l'instinct maternel existe. Je suis cet instinct. Il est moi.

« Ma » Betty Friedan

Je suis fatiguée des batailles pragmatiques, terre à
terre, du mouvement des femmes, fatiguée de la
rhétorique. J'ai envie de vivre ce qui me reste de
vie.

Les propos en exergue sont ceux de nulle autre que l'immense
Betty Friedan, figure de proue du mouvement de libération
des femmes des années 1960 et 1970, dans *Femmes, le second
souffle*. Mais ce deuxième essai, qui tentait en 1981 de concilier
idéologie féministe et aspirations intimes à l'amour, à la famille et au foyer, n'est à peu près jamais cité, contrairement
au premier, *La femme mystifiée*, qui a acquis le statut de livre
révolutionnaire.

La femme mystifiée a eu 50 ans en 2013. Nous célébrons son
anniversaire au moment où la série américaine *Mad Men*
contribue à figer la représentation que nous nous faisons de la
société de l'après-guerre nord-américaine : le summum du
patriarcat.

C'est là le jugement sans appel que nous posons sur une
époque dont la puérilité et le sexisme nous paraissent incon-
testables. Une époque qui muselait et chosifiait les femmes,
les réduisant à profiter de la sieste des enfants pour s'automé-
dicamenter au gin au beau milieu de l'après-midi, posant ainsi un unique geste d'affirmation dans un cadre d'autonomie
réduit, alors que les hommes s'envoyaient une secrétaire après
l'autre, concluaient des ententes prestigieuses et n'étaient pas

tenus d'avoir le moindre scrupule étant donné que tout ce rutilant édifice social était conçu pour eux.

Nous adorons penser que ces comportements sont ceux d'une époque révolue dont le féminisme d'une Betty Friedan a heureusement extirpé les femmes. Nous adorons penser que nos vies sont riches, libérées et sensées, alors que les vies des Betty Draper du Connecticut de 1960 n'étaient *que* conformisme et enfermement.

Dans *La femme mystifiée*, Friedan s'attaquait effectivement à ce qu'elle a appelé un «problème sans nom», un mal qui affectait des ménagères scolarisées des banlieues nord-américaines de l'après-guerre:

> Pendant des années, le malaise resta enfoui, inavoué, dans l'esprit des femmes américaines. C'était une sensation étrange, un sentiment d'insatisfaction, une aspiration à autre chose [...]. Tout en faisant les lits, les achats à l'épicerie [...], tout en réfléchissant la nuit, étendues auprès de leurs maris, elles avaient peur de se formuler même intérieurement cette question: «Ce n'est que ça?»

Ce que la Friedan de 1963 appelle «mystique féminine» est cette représentation selon laquelle les femmes sont censées être «naturellement» heureuses et satisfaites, du seul fait qu'elles mettent des enfants au monde dans des maisons confortables et qu'elles consacrent leur vie à rendre leur famille heureuse. Cette idéologie, constate-t-elle, fait le jeu de l'organisation politique et économique de la société nord-américaine, mais elle sacrifie les femmes en les empêchant de déterminer elles-mêmes la façon dont elles désirent mener leur vie et en restreignant leur accès aux espaces où elles sont susceptibles de le faire.

Même les femmes scolarisées, écrit Friedan, adoptent jeunes un mode de vie qui, centré sur la famille nucléaire et la maternité au foyer, leur paraît chargé de promesses, d'amour, de satisfaction et de bonheur, mais qui, au terme de quelques années, les emprisonne dans des existences où elles ne peuvent que flotter, impuissantes et désarçonnées.

Comme Betty Friedan l'a fait autrefois afin d'étayer son célèbre essai, il devrait être possible d'interroger les Québécoises du XXIᵉ siècle à propos de leur mode de vie. Par un bel après-midi de janvier, je prends le thé avec les femmes de mon quartier. L'une d'entre elle, dans la quarantaine, est la mère au foyer monoparentale de deux fillettes d'âge préscolaire. Je lui demande : « Et financièrement, comment tu t'organises ? »

— Ma maison est payée, et pendant toutes ces années où j'ai travaillé, j'ai épargné. C'est sûr que je ne fais pas de folies, mais nous ne manquons de rien et nous sommes heureuses.

— C'est ce que tu voulais.

— Oui.

Elle me regarde un moment avant d'ajouter : « Tu sais, Annie, je n'y crois pas, à ce discours de peur et d'anxiété au sujet de l'argent. Je n'ai rien contre la garderie, tu sais. J'en ai visité. Mais quand j'y pensais vraiment, l'idée de me séparer de mes filles en si bas âge... non. Ce n'est pas ce que je ressens en moi. »

*

Aujourd'hui encore, il faut une sacrée force de caractère à des femmes scolarisées de la classe moyenne pour vivre leur vie autrement que ce que leur martèle inlassablement leur société : « Travaillez, ne vous fiez à personne d'autre que vous-même pour réussir votre vie et assurer votre sécurité et, dès que vous apprenez la nouvelle de votre grossesse, n'ayez rien de plus urgent à faire que de vous démener pour trouver où placer vos enfants. »

Aucune d'entre nous, après tout, ne veut devenir l'une de ces femmes des années 1950, éternellement souriantes, maquillées, en robe pastel, la coiffure fraîchement retouchée, qui présentent fièrement un gâteau au chocolat confectionné à l'aide de leurs électroménagers neufs alors qu'elles attendaient le retour au logis de leur mari indifférent.

Il y a quelque chose de caricatural et de l'ordre du fantasme voyeuriste dans cette perception du passé. Aucune époque, aucune société autant que l'Amérique du Nord de l'après-guerre ne me semble en ce moment faire l'objet de plus de dérision. Les femmes des années 1950 avaient pourtant le droit de vote, elles choisissaient leur mari, elles avaient accès aux études et à la majorité des emplois rémunérés. Une portion importante de la population touchait à la sécurité, au confort, à la santé, à la paix et à la mobilité sociale pour la première fois dans l'histoire de l'humanité. Dans un monde dont il allait de soi qu'il était fortement sexué (c'est-à-dire un monde dans lequel être femme était forcément différent d'être homme), chacune et chacun avait une idée assez claire du rôle qu'elle ou qu'il devait jouer.

Je ne fais pas l'apologie de cette époque et qu'il soit bien clair que je ne désire pas y retourner. «On avance, on avance, on ne recule pas!» ai-je scandé des dizaines de fois dans des manifestations. Je fonde mes espoirs sur la gauche et je crois au progrès. La possibilité que tous les êtres humains puissent vivre la vie qui leur convient et mettre la diversité de leurs aspirations au service du bien commun est ce vers quoi nous devons tendre. De ce point de vue, les choses ont avancé pour les femmes depuis cinquante ans.

Néanmoins, l'image de la ménagère des années 1950 est à ce point stéréotypée et péjorative qu'elle est devenue un repoussoir puissant. En 2014, les Québécoises attirées par la domesticité y réfléchissent à deux fois avant de choisir une occupation si dénigrée socialement. Peut-être estiment-elles qu'il s'agit d'une attirance inavouable et vaguement dérangeante.

Car, comprenons-nous, «les ménagères de l'après-guerre avaient l'air heureuses, mais elles ne l'étaient pas». Elles étaient dépressives, aliénées, dépossédées, prisonnières, médicamentées, confinées, malmenées, exploitées et le pire est qu'*elles ne le savaient pas*. C'est, à tout le moins, ce que l'idéologie contemporaine cherche à nous faire comprendre.

Ces femmes sont nos grands-mères. Or, combien de fois ai-je entendu des amies me dire: «Ma grand-mère a mené une vie fantastique. Elle avait tout un tempérament! Elle a élevé *x* enfants alors que mon grand-père et elle n'avaient pas tant d'argent. C'est incroyable, ce qu'elle a réussi à accomplir! Elle était une féministe avant l'heure!» De fait, mes amies semblent toutes penser que leurs grands-mères étaient des femmes exceptionnelles compte tenu de ce qu'elles savent des années 1950 : une époque de femmes écervelées, dociles, lobotomisées. Maxime-Olivier Moutier raconte, dans *La gestion des produits* :

> Une grand-mère de 1925, qui a eu 12 enfants et dont le seul revenu provenait du salaire de son mari qui n'était pas là souvent, et qui d'ailleurs est mort très jeune, cette grand-mère donc, qui s'est débrouillée toute seule avec les marmots qui n'avaient pas fini de grandir, nous confiait l'autre jour ne pas se sentir une miette contaminée par le sentiment d'avoir été une femme soumise et exploitée.

Nous sommes habitués à l'idée que les femmes de l'après-guerre restaient à la maison parce que leur intelligence et leurs capacités n'étaient pas reconnues. Pour parler des femmes de cette époque, nous utilisons un vocabulaire précis : «assignation au foyer», «renoncement», «sacrifice», «enfermement», «confinement», «abrutissement», etc.

Dans *Depuis toujours*, Madeleine Gagnon se joint au chœur des femmes de sa génération qui ne savent expliquer leur vie autrement qu'en réaction à l'inanité présumée de celle de leurs mères.

> Nous, filles scolarisées, ne voulions plus reproduire ce que nous avions vu chez nos mères et grands-mères, le sempiternel tablier sur la petite robe bien repassée, corsage ouvert pour l'intarissable tétée, «le corps attaché à la patte du poêle», comme nous disions.

Et puis, elle a ce commentaire extraordinaire :

> Bien sûr, j'exagère. Ma propre mère ne correspondait pas à cette caricature. Il s'agit plutôt d'une métaphore. Dans ce registre, qui n'exagère pas peut égarer la lampe-tempête qui lui permet de voir loin devant.

Stratégie, stratégie. Il faut exagérer les difficultés du passé afin de convaincre les femmes de la nécessité de faire les choses de manière diamétralement opposée.

*

L'après-guerre aurait donc constitué le summum du patriarcat. Pourtant, ce n'est pas cette histoire que nous racontent le plus souvent nos grands-mères lorsqu'elles parlent de l'époque du début de leur mariage et de leurs jeunes enfants. «Le problème avec les grands-mères, écrit l'Américaine Elizabeth Gilbert, c'est qu'elles veulent avoir leur propre idée de ce qu'a été leur vie.» Bien qu'elle cherche par tous les moyens à faire admettre à sa grand-mère qu'elle a été une ménagère exploitée, Gilbert écrit qu'elle doit convenir que celle-ci a plutôt été «une jeune femme fière, dont le rôle était essentiel, apprécié».

Nous lisons peu, dans les récits féministes, que les pères des années 1950 étaient assignés à l'usine où ils occupaient des emplois humiliants et aliénants le long de chaînes de montage. Jamais, surtout, on n'y contredit le mythe selon lequel les mères étaient au foyer seulement parce qu'elles étaient dénigrées. Personne ne tente de raconter une histoire différente, de rapporter une autre perspective, de décrire les femmes de cette époque autrement que comme des exploitées. Nous commettons l'erreur classique d'apposer nos conceptions sur une époque dont les critères éthiques et fonctionnels étaient différents des nôtres.

N'empêche. Le problème sans nom n'était pas une invention. Betty Friedan a su mettre le doigt sur l'angoisse qui s'immisçait dans les brèches d'une organisation sociale qui paraissait triomphante, mais qui contribuait à déprimer un nombre important de femmes.

Ont suivies deux décennies de prise de conscience, de revendications, de luttes et de victoires. Droits civiques, droit à l'avortement, garderies, travail à temps plein, égalité salariale, etc. Il était grand temps que les femmes deviennent les égales des hommes politiquement et juridiquement parlant et, comme la majorité des femmes occidentales, j'ai une profonde reconnaissance envers celles qui ont mené ces combats.

Mais le problème sans nom n'a pas été résolu pour autant. En 1981, vingt ans après le cri de libération incendiaire qu'avait été *La femme mystifiée*, Friedan a ressenti la nécessité de faire, dans *Femmes, le second souffle*, le point sur le mouvement féministe qu'elle avait personnellement contribué à renouveler, afin qu'il continue d'accomplir sa visée d'origine : soutenir toutes les femmes dans leur recherche d'une vie accomplie et heureuse.

Il s'était agi, dans *La femme mystifiée*, de dénoncer un monde dans lequel les femmes tiraient leur unique satisfaction de la valeur de l'occupation professionnelle de leur mari. La solution sautait aux yeux : s'approprier cette valeur en investissant le marché du travail. Il n'est venu à l'idée d'aucune militante ou théoricienne que l'on puisse trouver de la satisfaction et de la valeur dans l'univers domestique – qu'au moins une part de la solution pouvait résider de ce côté.

On n'a pas plus songé à éviter une erreur pourtant évidente : ce n'est pas la maternité en soi qui est nécessairement source de confinement et d'isolation, mais le mode de vie banlieusard de l'après-guerre. Une décennie à peine auparavant, les mères habitaient à proximité de leurs propres mères et de leurs sœurs. Ce n'est qu'avec l'avènement de l'automobile, l'étalement urbain et l'essor de la consommation que les familles nucléaires ont commencé à s'isoler et que les liens sociaux que les femmes établissaient traditionnellement avec leur entourage se sont effrités.

Et ainsi, les femmes se sont jetées à corps perdu dans le travail rémunéré. Mais au début des années 1980, aux États-Unis, le contrecoup couvait. Des organisations conservatrices et religieuses constituées en lobbys influents ont entrepris des campagnes de dénigrement des mères qui travaillaient, les dépeignant comme des femmes dénaturées, avides et méchantes, qui sacrifiaient leurs enfants et castraient leur conjoint, imposant leur volonté autant à Wall Street que dans la chambre à coucher. «Le féminisme détruit la famille, la société et tout ce en quoi l'Amérique croit!» se sont mises à scander les «femmes de droite» qu'a décrit Andrea Dworkin, en chœur avec les hommes scandalisés par l'autonomie nouvelle des Américaines.

Plutôt que de mépriser ces critiques, Betty Friedan, dans *Femmes, le second souffle*, essaie de concilier les positions des féministes et celles de ces «femmes de droite». Elle évalue la pertinence des critiques de la droite avant de les rejeter :

> Pouvons-nous continuer à ignorer ces accusations en les taxant de propagande ennemie – «C'est leur problème, pas le nôtre»? Je pense que nous devons au moins reconnaître que le féminisme a toujours refusé d'admettre l'importance de la famille, ainsi que la nécessité qu'ont les femmes de donner et de recevoir de l'amour, de nourrir et de prendre soin des autres avec tendresse. Il est temps de commencer à en parler.

Friedan reconnaît que le travail rémunéré n'est pas une panacée, que la double tâche épuise les femmes au moins autant qu'elle les libère et que l'idéologie féministe, poussée au bout de sa logique, crée autant de problèmes qu'elle en résout. Elle met l'accent sur la nécessité pour chaque femme de trouver et de suivre sa voie, quitte à faire des choix, à remettre certaines expériences à plus tard et, si c'est nécessaire, à y renoncer.

Elle va jusqu'à écrire qu'un nouveau «problème sans nom» commence à affecter les femmes qui font leur possible pour organiser leur vie selon les principes de l'idéologie féministe. Autrement dit, ce n'est plus seulement le patriarcat, mais le féminisme lui-même qui devient source d'oppression pour les femmes! Ces affirmations très importantes et fortes, venant de celle que de nombreuses féministes continuent de considérer comme une fondatrice de la deuxième vague du mouvement des femmes américain, ne sont jamais prises en considération.

Je crois qu'il va nous falloir retraverser notre propre mystique *féministe* pour pouvoir agir sur cette nouvelle réalité à partir de notre expérience personnelle et politique, pour prendre notre second souffle. [...] Je sens que certaines victoires que nous pensions être nôtres ne sont que des gains illusoires; je découvre que les problèmes que nous croyions avoir résolus se posent en d'autres termes. (Friedan souligne.)

Le nouveau problème sans nom n'est plus celui de ménagères scolarisées qui ne comprennent pas comment elles se sont retrouvées dans des pavillons de banlieue aseptisés, mais celui de femmes qui ne comprennent pas comment elles se sont retrouvées dans un tourbillon frénétique d'agitation, de fatigue et d'angoisse:

Aujourd'hui, le problème qui n'a pas de nom est de jongler entre le travail, l'amour, le foyer et les enfants.

Un mot décrit le mal physique et psychologique que vivent ces femmes: épuisement. Mais aucun mot ne traduit l'impuissance que ressentent de nombreuses Québécoises contemporaines à véritablement choisir leur vie. Plusieurs Québécoises ne savent plus qu'elles ont le droit de renoncer. Elles appliquent l'idéologie de la conciliation avec ferveur – et ressentent une culpabilité constante, l'impression d'un vide, le sentiment continuel de ne rien accomplir de façon satisfaisante.

Nous n'aspirons pas toutes à perdre notre vie à la gagner. Nous ne sommes pas toutes portées par des ambitions professionnelles passionnées. Nous ne sommes pas toutes à l'aise avec l'idée de ne pas assister de très près à l'enfance de nos enfants. L'oppression, c'est quand on n'a pas le droit de choisir.

Betty Friedan m'est chère, elle est rassérénante, elle semble si proche de moi! Je discerne sans peine dans son autobiographie, *Life So Far*, la femme intelligente, directe et entière qu'elle était et son cœur grand comme le monde. Son parcours ressemble au mien: «drame de l'enfant doué», amour de l'école, études prometteuses, début de carrière, puis interruption et installation dans une vie de ménagère de banlieue joyeuse, pleine, riche qu'elle adorera pendant quelques années. Et puis, tout à coup, nos vies deviennent diamétralement opposées.

Friedan raconte ses crises de panique au supermarché à la fin des années 1950, sa fille cadette sur le bras, et en situe la cause dans son envie profonde, et sabordée, de faire une carrière. Pour ma part, je n'ai plus de crises de panique depuis que j'ai cessé de me tracasser avec l'obligation de travailler. Mais au milieu des années 2000, rattrapée par les discours dominant de ma société, je me suis mise à m'interroger : qu'arriverait-il si mon conjoint et moi venions à nous séparer ?

Il y a sept ans maintenant que j'ai entrepris des études en sociologie. J'ai adoré me plonger dans les concepts et les théories scientifiques. J'ai donné tout ce que j'avais à mon envie réanimée de faire des études. Et puis, ma maîtrise obtenue, je me suis retrouvée avec la même incertitude : que faire maintenant ?

Est-ce que, parce que j'ai un diplôme de deuxième cycle, des compétences et certaines facilités, je dois nécessairement embrasser une carrière exigeante, faire de la recherche ou enseigner ? Il ne s'agit plus de me demander : « Est-ce tout ? », mais bien « Dois-je tout faire ? »

Mais il s'agit du même questionnement « sans nom ».

Betty Friedan demeurait convaincue que le foyer ne devait pas être l'unique lieu des femmes. Les solutions qu'elle propose dans *Femmes, le second souffle* sont surtout d'ordre politique et centrées sur le travail rémunéré : congés de maternité, garderies. Pour autant, jamais elle n'a employé son énergie et sa notoriété à démolir le travail domestique et la maternité, contrairement au féminisme le plus influent des années 1960 et 1970. Contrairement à la lecture qu'ont faite plusieurs féministes de *La femme mystifiée*, j'estime qu'elle a toujours écrit avec respect sur le sujet des mères au foyer.

Elle a écrit sur la nécessité pour les femmes de pouvoir choisir librement une occupation qui leur permette de s'accomplir personnellement. Le féminisme a transformé cette idée en obsession : les femmes doivent gagner de l'argent. Et elles doivent en gagner autant que les hommes. Or, rapidement, Friedan s'est mise à lutter contre la tentation extrémiste du féminisme. Plusieurs commentatrices lui ont d'ailleurs reproché de ne pas avoir suivi la voie de la révolution. Je pense qu'elle estimait que la solution ne résidait pas dans le durcissement, et le contrôle de ce que les femmes font de leur vie.

Je pense aussi qu'elle comprenait que le «sentiment d'insatisfaction» et le «vague» qui caractérisent les problèmes sans nom ne peuvent être solutionnés par les modes d'emploi formatés des idéologies. C'est au plus profond d'elles-mêmes que, affranchies de toutes entraves idéologiques – patriarcales, néolibérales ou féministes – à l'exercice de leur libre arbitre, les femmes peuvent trouver comment s'épanouir.

Famille-travail : la quadrature du cercle

Peut-être peut-on espérer que nos petites-filles exprimeront de la reconnaissance pour la lutte que nous menons pour continuer d'améliorer les politiques de conciliation famille-travail auxquelles «nous avons droit». Quitte à jouer les rabat-joie, je doute toutefois que ce sera le cas. Au cours des entrevues qu'elle a menées auprès de jeunes mères féministes engagées, Annabelle Seery, doctorante en sociologie, a constaté que même les femmes les plus convaincues de la pertinence des idéaux féministes se sentent «mangées tout rond» par le travail rémunéré et manipulées par le néolibéralisme qui titille à l'extrême les désirs de consommation et diffuse sans relâche l'idée selon laquelle la seule réussite personnelle se trouve dans le travail rémunéré. On sent le désarroi de ces femmes féministes : convaincues de la nécessité de gagner leurs propres revenus, elles ne voient pas comment échapper à «l'enfer de la conciliation». La plupart des solutions qu'elles explorent sont dans l'air du temps : temps partiel, horaires ajustés, travail à la maison, toujours plus de congés, fusion des sphères familiale et professionnelle, obligation pour les hommes de se prévaloir de leur congé de paternité... L'une des jeunes femmes interrogées résume bien cette position lorsqu'elle affirme que le vœu des couples qui l'entourent est de «travailler quatre jours semaine, mais avec le même salaire. La qualité et les conditions de vie : on veut les deux.»

Trois questions sont ici à prendre en considération :

- Est-il légitime de «vouloir les deux»? S'agit-il d'une résistance saine vis-à-vis d'un univers de l'emploi néolibéral qui écrase toujours plus la dignité des travailleuses et
des travailleurs? Ou a-t-on affaire aux exigences d'une
génération gâtée qui n'a pas appris le renoncement, et
encore moins à différer sa satisfaction?

- Est-il seulement possible d'obtenir «les deux»?

- Les solutions qui continuent d'accorder une importance
capitale au travail rémunéré peuvent-elles contenir
l'empiétement de ce dernier sur la vie familiale? Ne
sont-elles pas plutôt susceptibles de stimuler l'envahis-
sement de toute la vie privée par le travail rémunéré?

Car au terme de 17 années de mise en place d'une politique
de conciliation famille-travail québécoise d'une ampleur iné-
galée (le réseau de CPE a été instauré en 1997), il faut bien
constater que le problème du manque de temps des familles
s'est tout sauf résorbé. Le sociologue Gilles Pronovost constate
que le temps consacré au travail rémunéré a tendance à s'allon-
ger depuis quelques années, en particulier chez les personnes
scolarisées. Évidemment, le fait que les femmes travaillent
de plus en plus contre rémunération y contribue. Pronovost
et d'autres sociologues québécois, tels que Daniel Mercure,
Mircea Vultur, Simon Langlois et Camil Bouchard, sont per-
plexes et, à vrai dire, inquiets, de la place démesurée que nous
continuons d'accorder au travail tout en jurant que nos familles sont ce qu'il y a de plus important à nos yeux. Ils s'inter-
rogent sur l'impact de la centralité du travail rémunéré sur
notre vie familiale, le bien-être de nos enfants, et notre santé.
    Pour ma part, je me demande pourquoi nos fabuleuses
politiques de conciliation ne parviennent pas à diminuer l'impact du travail rémunéré sur nos vies, et aussi, pourquoi il
semble si difficile de trouver une sociologue – avec un *e* à
«une» – pour s'inquiéter à voix haute du peu de temps que
nous accordons à nos familles et à nos enfants. Les sociologues québécoises du travail ont nettement plus tendance à

s'intéresser à la façon dont nous pouvons pousser toujours plus de femmes sur le marché du travail en améliorant les politiques de conciliation qu'à critiquer la centralité du travail rémunéré dans nos vies.

Les sociologues hommes ne cherchent-ils qu'à rétablir un ordre sexué archaïque où les femmes réchauffent les pantoufles de leur mari pendant que celui-ci poursuit sa passionnante carrière, ou s'inquiètent-ils de bonne foi de la santé physique et mentale de tous les membres de la famille dans un système fondé sur l'emploi rémunéré de deux pourvoyeurs?

*

De façon générale, les mesures de conciliation famille-travail approuvées ou revendiquées par le féminisme québécois institutionnalisé permettent:

- de travailler plus (réseau des CPE);
- de travailler moins (Loi sur l'assurance parentale, congés rémunérés divers);
- ou de travailler avec moins de contraintes (horaires plus flexibles, certaines formes de travail atypiques).

Il est toutefois important de comprendre que travailler moins, c'est-à-dire à temps partiel ou pas du tout pendant une période donnée, n'est pas acceptable du point de vue de ce féminisme si cette option s'accompagne:

- d'une perte substantielle de revenus;
- d'une perte substantielle d'avantages sociaux liés à l'emploi rémunéré;
- d'un ralentissement de la carrière;
- d'une incitation à rompre le lien au travail;
- d'une tendance des couples à réserver les congés pour les mères;

- d'une tendance des couples à fusionner leurs revenus ;
- ou d'une augmentation de la part des soins prodigués et des tâches ménagères prise en charge par les mères.

Il faut donc nuancer le soutien qu'accorde le féminisme québécois institutionel aux politiques de conciliation famille-travail qui permettent de travailler moins. En fait, travailler moins est vu comme un mal nécessaire, une contrainte imposée par la biologie des mères (grossesse, accouchement et allaitement), et non comme un principe qui doit guider l'organisation famille-travail pour permettre aux mères d'être le plus possible auprès de leurs enfants. Sitôt la contrainte éliminée (qui correspond *grosso modo* à la période d'allaitement – un certain consensus semble se former autour d'une durée d'un an), le travail à temps complet doit être repris.

Autrement dit, malgré son appui au Régime québécois d'assurance parentale, ce n'est pas demain la veille que le féminisme soutiendra les mères qui décident d'être à la maison au-delà de l'année de congé allouée, pas plus qu'il ne défendra celles qui choisissent de travailler à temps partiel, d'ailleurs. Celles qui aimeraient être à la maison entre la naissance de leurs deux ou trois enfants plutôt que de travailler contre rémunération entre chaque naissance afin d'«accumuler les semaines» de travail nécessaires à leur admissibilité au régime ne sont pas prêtes d'être défendues non plus.

Le travail autonome, souvent perçu dans la population comme un choix intéressant pour les mères, tend lui aussi à inquiéter les féministes qui, pour le dire dans les mots (légèrement paraphrasés) de la sociologue Martine D'Amours, y voient davantage de parenté avec le travail précaire qu'avec le travail prospère. Ce qui accroche, c'est surtout la faiblesse du revenu, l'insécurité due à la nature contractuelle de l'emploi et le manque de protection sociale. Je soupçonne que la nécessité de fusionner les revenus avec ceux du conjoint (lorsqu'il y en a un) durant les périodes où les contrats se font rares ne leur plaît pas non plus. Rappelons que pour le féminisme, la «faiblesse du revenu» ne peut pas être compensée par la satisfaction qu'on tire du fait d'être proche de ses enfants, par exemple.

Les mesures telles que la semaine de 35 heures ou de quatre jours sont jugées plus intéressantes, mais tout de même vues avec méfiance, parce qu'elles ont le plus souvent pour effet que les mères travaillent moins que les pères et prennent en charge une part accrue des tâches ménagères et des soins. La mesure de la Loi sur les normes du travail qui permet de prendre 10 jours de congé (sans salaire) par année pour obligations familiales, par exemple, reçoit une certaine approbation du féminisme québécois tel qu'il s'exprime dans *La Gazette des femmes*. Attention, toutefois :

> La réduction du temps de travail des femmes pourrait diminuer leurs revenus et leur faire davantage porter la responsabilité des tâches domestiques. «Il faudrait rendre les mesures d'articulation famille-travail plus attrayantes pour les pères, pour qu'ils y aient davantage recours, et s'assurer qu'elles ne renforcent pas les conditions systémiques défavorables pour les femmes», estime [la sociologue Francine Descarries]. (Saint-Pierre, 2008)

Car il s'agit du nouveau mot d'ordre : obliger les pères à prendre des congés parentaux aussi longs que ceux des mères. Ai-je écrit «obliger»? Oui. Et même si j'avais écrit «inciter», ce serait la même démarche, qui vise l'uniformisation des comportements des femmes et des hommes au nom de l'idéal d'un monde sexuellement indifférencié.

On protestera qu'il est légitime d'impliquer plus les hommes dans les soins de leurs enfants. Les hommes devraient prendre des congés aussi longs que les femmes pour en arriver enfin à un partage véritablement équitable des tâches et de la charge mentale, et à une reconnaissance de la dignité de la domesticité. C'est d'ailleurs ainsi que les entreprises considéreront de la même manière l'embauche des hommes et des femmes «en âge de procréer».

Or, il est loin d'être certain que les congés des hommes contribuent à atténuer la charge mentale des mères et à réduire le temps qu'elles consacrent aux tâches domestiques. De nombreuses études, tant québécoises que françaises, américaines ou scandinaves, montrent que le travail rémunéré des femmes contribue certes à faire évoluer les mentalités et à augmenter la participation des hommes, mais que cette augmentation est encore loin de se concrétiser par un partage égal du travail domestique. À temps de travail rémunéré égal, les femmes passent toujours beaucoup plus de temps que les hommes aux tâches domestiques, et cette inégalité augmente quand la famillle a des enfants. « En fait, écrit la féministe américaine Nancy J. Hirschmann, être mariée créerait à peu près sept heures de tâches domestiques additionnelles pour les femmes. » Dans *Le conflit. La femme et la mère*, Elisabeth Badinter remarque quant à elle que, « comme il y a vingt ans, ce sont toujours les femmes qui assument les trois quarts » des travaux familiaux et ménagers. Même lorsque les hommes passent plus de temps avec leurs enfants, ils n'allègent pas le fardeau de la mère, qui tend à participer à ces activités, concluent de leur côté les chercheurs Benoît Rapoport et Céline Le Bourdais.

Les statistiques disponibles montrent que les pères québécois se prévalent beaucoup plus des congés de paternité qui leur sont offerts que les autres Occidentaux, mais rien, pour l'instant, ne permet d'affirmer qu'ils accomplissent une proportion plus élevée qu'auparavant du travail et des soins, dans un contexte où les mères aussi restent plus longtemps à la maison après la naissance de leur enfant.

Quoiqu'il en soit, le nouveau credo du féminisme québécois en matière de conciliation est la nécessité que les pères prennent de longs congés de paternité. C'est la dernière variante d'une stratégie qui vise depuis plusieurs décennies à faire en sorte que la maternité n'ait pas d'effet sur le revenu des femmes, ni sur leur investissement dans leur travail rémunéré.

En fait, les exigences du féminisme québécois envers ce qu'il estime être une politique de conciliation famille-travail acceptable confinent à la quadrature du cercle. Comment, en effet, travailler moins sans aucun désavantage? Et surtout, comment travailler moins sans fusionner ses revenus avec ceux de son conjoint? Car dans la liste des exigences féministes rapportées plus haut, non seulement les idéaux féministes semblent proposer un faux choix aux femmes (travailler à temps plein contre rémunération ou renoncer à exister socialement), mais ils encouragent également à un individualisme exacerbé, même (surtout?) à l'intérieur des couples. On en revient donc à l'unique solution: s'acquitter de la double tâche et serrer les dents.

*

On ne peut pas être contre la vertu. Si on augmente la qualité et la quantité des services en garderie; si, comme le demande Camil Bouchard dans *Une enfance pour la vie*, de Mario Proulx, on ajoute huit semaines de congé de parentalité à utiliser à sa convenance pendant les douze premières années de vie de son enfant; si on oblige les hommes à prendre plus de congés de paternité, je serai la première à dire «tant mieux!», pour peu que l'on m'assure que c'est bien là ce que la société québécoise appelle de ses vœux.

Mais qu'il soit bien clair que l'élargissement sans fin des droits à la conciliation est à mon sens une stratégie conformiste qui fait le jeu du néolibéralisme. En appuyant ces revendications, nous confirmons notre entière soumission au travail rémunéré.

Le monde du travail n'a sans doute pas terminé de faire çà et là des concessions au féminisme de la génération Y. Des gains en matière de conciliation seront certainement faits dans un futur rapproché. Mais il faut bien comprendre que ces concessions s'accompagneront de contraintes: les employeurs ne sont pas des entreprises de charité. Ce qu'ils donnent d'une main, ils le reprennent de l'autre, en nous maintenant dans un état de dépendance et d'asservissement.

Car ne nous y trompons pas: sous couvert de compréhension et de générosité, ce que les employeurs donnent aux

nouveaux parents n'est pas tant la possibilité de «vivre leur
maternité» que la certitude inébranlable que leur dignité et
même leur vie de famille dépendent de leur travail rémunéré,
voire qu'elles *sont au service* de leur travail rémunéré.
Pendant ce temps, la famille, les soins, la domesticité,
l'entraide, la solidarité, la lenteur, le bien-être, la santé, la
consumodération, la vie de quartier, la quête de sens, ou les
préoccupations environnementales continuent d'être traitées
comme des choses avec lesquelles il faut composer, et non
comme des valeurs centrales sur lesquelles bâtir notre vie en
société.

Si on l'admet, on comprend mieux pourquoi, à mesure
que les gains en matière de conciliation s'accumulent, le stress
et le mal-être progressent aussi. Plusieurs chercheurs, par
exemple, notent que l'absentéisme au travail des femmes est
plus important au Québec qu'ailleurs au Canada, et ce, malgré
les meilleures conditions de conciliation famille-travail. Certains en viennent à la conclusion que le monde du travail tel
que nous le connaissons est fondamentalement défavorable
aux femmes. D'autres se sont demandé si le fait de bénéficier
de politiques de conciliation toujours plus généreuses n'entraîne pas chez certaines mères un sentiment d'obligation de
performance.

La question se pose donc: les politiques de conciliation
famille-travail font-elles le jeu du travail néolibéral, dont le
mot d'ordre est croissance, accélération, consommation et
extension sans fin de la disponibilité des travailleurs?

Tout avoir

Je m'apprête à citer une chercheure réputée pour son néolibéralisme et pour son adhésion aux infâmes théories du choix. Brrr. Cela m'embarrasse un peu, je dois l'admettre, mais vous voilà prévenus. Son nom est Catherine Hakim, et elle s'intéresse aux décisions que prennent les femmes occidentales des années 2000 en matière de famille et de travail rémunéré. Pour cette sociologue britannique, un fossé infranchissable sépare les exigences liées à la vie domestique de celles qui sont liées à l'emploi. Les femmes ont donc à faire des choix, estime-t-elle. Elles ne peuvent pas, dans la réalité, «tout avoir*». Voici ce qu'elle affirmait en 2004, en entrevue avec la journaliste Joanna Moorhead, du *Guardian* (je traduis):

> Le fin mot de l'histoire, c'est qu'en termes d'investissement personnel dans une carrière, les politiques [de conciliation famille-travail] n'ont pas beaucoup d'effets. L'investissement qui est requis en premier lieu en est un de temps et d'effort: si vous voulez vraiment faire carrière, vous n'aurez pas de temps pour vous occuper de vos enfants, et si vous souhaitez vraiment avoir, disons, plus d'un enfant, vous n'aurez pas le temps, l'énergie et l'imagination qui sont requis pour accomplir votre plan de carrière.

---

* L'expression «*to have it all*» a surgi au tournant des années 1980, aux États-Unis, pour désigner l'aspiration des mères qui, encouragées par le discours féministe égalitaire, ont essayé d'obtenir à la fois une carrière gratifiante et une vie parentale et familiale satisfaisante.

Hakim a jeté un pavé dans la mare avec son ouvrage. Ses thèses sont certes critiquables, mais elles ont au moins eu pour effet de nuancer la perception qui prévalait jusqu'alors dans les milieux universitaires et dans l'ensemble de la société, selon laquelle toutes les femmes aspireraient à concilier famille et travail rémunéré. Son livre a aidé à critiquer l'approche des politiques familiales occidentales contemporaines, qui ont tendance à tout miser sur la conciliation.

L'auteure reconnaît la capacité de choix et d'action des mères – ce qu'en anglais, en sciences humaines, on nomme l'«*agency*». Elle s'appuie sur une «théorie des préférences» pour expliquer les comportements des mères. Elle montre aussi que ces comportements ne concordent pas nécessairement avec ce qu'on attend d'elles. Catherine Hakim tient compte de composantes fondamentales de la modernité avancée pour comprendre ces mères : individualisme, expansion du secteur tertiaire, création d'emplois pour les pourvoyeurs secondaires (souvent des pourvoyeuses), modes de vie diversifiés («*lifestyles*»), extension de la longévité, alternance entre le travail rémunéré et d'autres activités, et perte de valeurs encadrantes largement partagées.

Hakim explique que, dans un contexte où les carrières qui permettent d'«atteindre des sommets» demandent un investissement personnel considérable au détriment du temps passé auprès de la famille, certaines mères peuvent juger que, malgré les politiques de conciliation, le choix qui s'offre à elles est de trancher entre le tout-travail et le tout-famille. Pour certaines femmes, jouer sur les deux tableaux n'aboutit qu'à une insatisfaction générale.

À ma connaissance, Catherine Hakim est l'une des rares chercheures à véritablement reconnaître le libre arbitre des femmes. Je vois parfaitement où elle veut en venir en accordant de l'importance à la capacité de choisir : l'établissement d'un «marché des aspirations» où des individus entièrement responsables de leurs parcours de vie font des choix de consommation et ne doivent s'attendre à aucun secours de l'État. Il reste que la lire est rafraîchissant, parce qu'elle met en avant la capacité de compréhension des individus et le sens qu'ils donnent à leur vie, plutôt qu'une théorisation critique qui vise l'atteinte d'objectifs idéologiques.

L'envers du landau

Dans un plaidoyer plus personnel que scientifique, mais convaincant, Lucie Joubert, l'auteure de *L'envers du landau*. *Regard extérieur sur la maternité et ses débordements*, montre que l'État et les employeurs sont prêts à aller très loin dans la permissivité liée à la conciliation famille-travail, quitte à faire porter le fardeau des absences des travailleurs concernés par des collègues sans enfants. On préfère nettement que les parents continuent officiellement à travailler à temps plein, même lorsqu'ils n'en ont visiblement ni le temps, ni la capacité, plutôt que de les voir se retirer, fût-ce temporairement, du marché du travail.

C'est ainsi que dans certains milieux de travail, on demande aux employés qui n'ont pas d'enfants ou dont les enfants sont élevés de renoncer à leurs privilèges d'horaires, par exemple, afin que les jeunes employés qui ont des enfants puissent choisir en priorité de faire coïncider leurs périodes de vacances avec les congés scolaires. On leur demande également de s'acquitter d'une part importante des tâches de leurs collègues parties en congés de maternité. Ces personnes n'ont pas toujours la formation, l'énergie ou le désir de prendre la relève, même de manière temporaire, mais elles se reconnaissent de moins en moins le droit de refuser de le faire, de crainte d'être vues comme des traîtres à la cause féministe et des égoïstes finies. « Parfois, le stress est tel que les employés qui tiennent le fort tombent eux-mêmes en congé, mais de maladie ! » explique une psychologue industrielle dans un article de Dominique Forget paru en août 2011 sur le site de *Jobboom*.

Comme les femmes sont beaucoup plus nombreuses que les hommes dans les professions liées aux soins, le phénomène affecte particulièrement les enfants et les personnes souffrantes, vieillissantes ou hospitalisées, pour qui l'attachement a une importance particulière. Dans les CPE, les services de garde et les écoles, mais aussi dans les CHSLD, les services de soins à domicile, les hôpitaux et les organismes sociaux, le roulement de personnel causé par la grossesse et la maternité peut être effarant. Il n'est pas rare que des enfants se voient annoncer, en début d'année scolaire : «Bonjour. Je suis madame Anne-Marie, la remplaçante de madame Sonia, qui vient d'avoir un bébé. Je vais être avec vous pour les six prochaines semaines, après quoi je serai remplacée par madame Émilie, car je dois moi aussi partir en congé de maternité.»

Ces mères qui sont aussi des éducatrices, des enseignantes ou des infirmières sont les premières à souhaiter offrir de la stabilité aux enfants ou aux personnes fragiles à qui elles prodiguent des soins professionnels. Plusieurs d'entre elles quittent leur poste avec au cœur un sentiment de culpabilité et de désolation. Loin de leur jeter la pierre, je m'interroge : est-ce vraiment là la façon rêvée d'organiser le travail, d'assurer la sécurité émotive et financière des citoyens et d'agencer les rapports sociaux ?

Comme beaucoup de gens, je souhaiterais que les articles qui s'intéressent à l'effet des congés de parentalité relâchent un peu l'attention qui est portée sur les femmes qui «partent» en congé de maternité afin d'inclure les hommes dans l'équation. Contrairement à nombre de féministes, toutefois, je ne crois pas que la solution réside nécessairement dans le fait d'inciter les hommes de manière toujours plus insistante à se prévaloir de leurs congés de paternité. Ce sur quoi je veux attirer l'attention ici, c'est l'aberration qui consisterait à vouloir à tout prix imaginer un monde où les gens ont «le droit» (et les devoirs qui y sont liés, évidemment) de travailler contre salaire, quitte à ce que, dans les faits, ils ne travaillent pas.

En viendrons-nous à considérer que le travail rémunéré est un statut social et un stabilisateur de l'économie nationale ◆

avant d'être le lieu où s'accomplit un travail productif ? Il fut
une époque où les aristocrates sans terre se voyaient octroyer
des sinécures étatiques afin qu'ils continuent de mener le grand
train qui seyait à leur naissance. On pense à l'exemple fameux
d'Oblonski, dans *Anna Karénine*, notamment. Devrions-nous,
au nom de la démocratie et du féminisme, considérer désormais qu'occuper un emploi, peu importe notre capacité
réelle d'en accomplir la tâche, est un droit de la classe moyenne
scolarisée ?

Qu'on ne vienne pas, alors, me parler de la fameuse « autonomie financière » que confère le travail rémunéré ! Il n'y a
rien d'autonome en soi dans le fait de voir son revenu protégé
par des principes qui frôlent parfois l'absurdité. À mes yeux
de mère au foyer, qui a vu, au fil des années, nombre de ses
amies se prévaloir de congés de maternité, de parentalité et de
maladie coûteux sans jamais perdre leur prestige, leurs RÉER
et leur sécurité d'emploi, il y a parfois plus d'autonomie réelle
à assumer qu'on ne peut vivre correctement deux vies à la
fois, et à ne pas être payée sans travailler jusqu'à cinq semaines
par année lorsque nos petits sont malades ou que l'on « tombe
en surmenage » à intervalles réguliers.

Loin de moi l'idée de dénoncer la sécurité d'emploi et les
autres avantages sociaux qui encadrent le travail. Mon but, dans
cet essai, est plutôt d'invalider certains préjugés. Travailler
contre salaire n'est pas nécessairement plus noble qu'être au
foyer : c'est ce que je cherche à établir. À mes yeux de mère au
foyer, le travail rémunéré pour tous semble parfois être l'institution qui permet de protéger un maximum d'individus contre
l'indigence tout en leur faisant croire que leur réussite résulte
de leurs efforts acharnés. En réalité, beaucoup de parents travaillent relativement peu. C'est le fait d'ajouter à ce « peu » le
soin de leur famille – et des temps de déplacement déments –
qui fait d'eux des êtres épuisés. L'État finance littéralement leur
niveau de vie pendant les longues années où ils se considèrent
plutôt comme des parents que comme des travailleurs.

Il en coûterait probablement moins cher à l'État de soutenir directement les personnes qui se consacrent à temps plein

à leur famille que de déployer des efforts colossaux, à grand renfort de programmes, de subventions, de crédit d'impôts et d'arrangements fiscaux, pour garder tout le monde au travail rémunéré. Mais pour envisager les choses sous cet angle, il faudrait opérer une conversion radicale : cesser de croire que notre dignité réside exclusivement dans le travail rémunéré ! Revenons à ce que demandent les jeunes féministes enthousiastes et brillantes interrogées par Annabelle Seery : travailler quatre jours par semaine avec le salaire de cinq jours. Cette requête n'a de sens que dans la mesure où on juge qu'être parent est une occupation qui doit être soutenue à la fois financièrement et en allouant du temps à passer auprès des enfants. Mais alors, pourquoi l'idée de financer la parentalité au foyer est-elle écartée ? Parce que le travail des soins continue d'être méprisé, et parce que, dans notre société, on n'est rien si l'on n'a pas un emploi rémunéré.

*

Je dois confesser que, lorsque j'ai compris qu'il ne s'agissait au fond, pour une femme scolarisée et en santé, que de décrocher un emploi, puis de se prévaloir de son droit de travailleuse à la maternité pour demeurer chez elle le plus souvent possible, j'ai essayé de me conformer à cette façon de faire. Je travaille assez vite et bien, après tout, et j'aurais pu parvenir à me convaincre qu'en dépit de mes absences répétées et de la place centrale de la maternité dans ma vie, j'en faisais assez pour justifier un bon salaire et les garanties qui y sont liées.

Mais je n'y suis pas arrivée.

Je n'arrive pas à faire croire à un employeur que le travail rémunéré est important pour moi. Je n'arrive pas à jouer le jeu, à agir au nom de mon droit à avoir un travail rémunéré pour garantir mon autonomie financière et ma dignité. Mon caractère entier et ma conception particulière de ce qu'est la vie bien vécue contribuent à rendre cette forme de conformité impossible pour moi.

Certaines mères au foyer que j'ai interrogées partagent mes scrupules, et mon malaise. Élodie, par exemple, explique que si elle était retournée au travail après la naissance de son premier enfant, elle se serait sentie mal à l'aise vis-à-vis de son employeur, parce qu'elle savait qu'elle désirait un deuxième enfant et que l'énergie employée à la réinsérer au travail ne serait peut-être pas un bon investissement. Marie-Hélène exprime la gêne qu'on peut éprouver lorsqu'on travaille à temps partiel et qu'on n'est pas au courant, en arrivant le lundi, de ce qui s'est fait dans la seconde moitié de la semaine précédente. Pour ces mères, travailler contre rémunération quand on veut d'abord et avant tout s'occuper de sa famille peut confiner à une sorte d'hypocrisie qui les rend mal à l'aise.

«Pourquoi blâmer les employeurs de craindre un désinvestissement éventuel de la part de la femme au travail alors qu'elle-même affirme que ses priorités sont ailleurs?» demande Lucie Joubert dans *L'envers du landau*. «Les femmes désirent travailler même si elles ont une famille», soutiennent quant à elles les féministes. Adaptez le milieu du travail à leurs désirs et à leurs besoins, réduisez vos exigences à leur endroit, accordez-leur toujours plus d'accommodements et vous verrez à quel point elles aiment leur travail. Suis-je la seule à voir de l'absurdité dans ce type de prétention? Ce que beaucoup de mères (pas toutes) désirent, c'est un salaire complet, jumelé à la possibilité de travailler au moment qu'elles jugent approprié, quand leur famille leur laisse un moment à consacrer à leur emploi.

Plusieurs jeunes féministes déplorent l'attitude de leurs aînées en milieu de travail, qui leur reprochent leurs absences répétées et leur remettent sous le nez leur «incapacité à s'organiser». Elles s'indignent de ce qu'elles perçoivent comme un manque de solidarité, et un repli sur les acquis. Leurs aînées, de leur côté, sont renversées de constater qu'il n'est plus vraiment nécessaire de travailler pour occuper un emploi! Elles qui ont mené deux existences à temps plein, et qui ont dû sans cesse prouver leur capacité de le faire, elles doivent maintenant se charger du travail de leurs héritières qui conservent leur poste durant leurs congés et leurs absences. Comment leur reprocher leur grogne ? Les féministes aînées ont été relativement peu nombreuses à occuper des emplois exigeants et prestigieux. Celles qui l'ont fait étaient exceptionnellement déterminées. Nous ne pouvons pas aujourd'hui nous attendre à ce que la majorité des femmes possèdent une telle ambition, une telle énergie.

Les mères et les pères qui désirent continuer de travailler contre rémunération et s'efforcent de tirer le meilleur parti des possibilités de conciliation qui s'offrent à eux ont bien raison de le faire. Mais les parents qui sont épuisés par la conciliation et qui se désolent de voir peu leurs enfants ne devraient pas, à mon avis, fonder leurs espoirs dans des politiques familiales bonifiées. Je pense qu'il s'agit d'une fuite en avant : le véritable problème est plus profond. Je crois que beaucoup de gens auraient intérêt à traiter leur vie familiale avec la considération qu'ils disent lui accorder dans les sondages et à lui faire une place fondamentale dans leur vie. Je pense donc que plus de mères et de pères auraient intérêt à travailler moins.

Il faudrait, à mon avis, réhabiliter l'idée du renoncement dans notre conception de la vie en société. Madeleine Gagnon raconte :

> Je pense à une étudiante [en littérature], devenue amie, Johanne Voyer. Bourrée de talent, elle promettait une œuvre exceptionnelle. Elle en a créé une autre en mettant au monde quatre enfants. On ne peut pas tout faire dans la vie.

Je ne suis pas certaine que le fait d'avoir des enfants et de se rendre disponible pour les aimer et les élever se compare à une œuvre. Je revendique néanmoins cette phrase : « On ne peut pas tout faire dans la vie. »

Mais pour paraphraser Lucie Joubert : comment dire une telle chose sans passer pour une antiféministe finie ?

Prendre soin

En décembre dernier, des amis ont emménagé près de chez moi. Le jour où le camion de déménagement s'est présenté devant leur nouveau logis, il neigeait à gros flocons. Ma première session de doctorat venait de se terminer. J'étais seule à la maison et en congé.

La vue du camion m'a emplie de joie. Quel bonheur d'accueillir une nouvelle famille dans le quartier! Les muffins et la lasagne étaient prêts depuis la veille. J'ai enfilé mes bottes et mon manteau et, entre les voyages des déménageurs, j'ai passé la tête dans le vestibule pour offrir mes plats aux nouveaux arrivants. Leurs deux petites filles sautillaient dans leurs jolies robes fleuries, les pattes en collants. J'ai offert de les garder pour la journée, au grand soulagement de leurs parents.

Habillées pour aller au pôle Nord, comme disait ma grand-mère, nous sommes allées glisser sur la «butte des sœurs», juste derrière chez nous. Assise en tailleur sur sa soucoupe, la plus petite dévalait la pente en riant follement dans l'univers tout blanc. La grande suivait, plus soucieuse, considérant le fleuve sous sa glace lente et la terre gelée de la rive sud là-bas, au loin: c'était donc cela, son nouvel environnement? «Tu vois?, lui ai-je dit, ta nouvelle maison est juste là, derrière les toits.»

Quand nous sommes rentrées, j'ai retrouvé le bonheur de retirer un à un les vêtements d'hiver à des enfants transis quand on n'est ni pressé par le temps, ni accablé par les soucis. J'ai étendu les tuques et les mitaines sur les calorifères. J'ai suspendu les lourds manteaux. Les petites, libérées, se sont mises à farfouiller partout. Nous avons joué à *Devine qui* et à un jeu de billes qui roulent dans une structure de plastique. Nous avons remué des cuillères minuscules dans des tasses de chocolat chaud. Nous avons mangé des *grilled cheese*. L'après-midi, elles se sont longuement affairées à aménager une cabane dans le garde-robe du salon. Je me suis assise tout près pour les contempler. Elles allaient et venaient les bras chargés de livres, de vêtements et d'objets qu'elles dénichaient dans les étagères des autres pièces de la maison. Elles les plaçaient consciencieusement sur les tablettes du garde-robe. Plus tard, elles ont installé des couvertures et des oreillers sur le plancher. Elles m'ont affirmé qu'il s'agissait de lits. J'ai pensé : elles jouent au déménagement. Elles s'approprient cet événement qu'elles sont en train de vivre et qui a été décidé pour elles par leurs parents.

«Merci, Annie», ont répété mes nouveaux voisins lorsqu'ils sont venus les chercher en fin de journée. «Notre belle-sœur arrive en renfort tout à l'heure, mais c'était bien que les filles bénéficient d'une présence attentive aujourd'hui. Nous avons été si débordés!»

Mais c'était moi, évidemment, qui était comblée. Jamais je ne ressens tant de calme et d'apaisement – une impression de sens si profonde – que lorsque je vis calmement auprès des enfants.

Prendre soin des enfants demande un don de soi et une abnégation qui ne peuvent pas être populaires dans une société néolibérale obsédée par la productivité. Plus personne, dans notre société, ne défend la beauté philosophique de ce choix.

Voilà une journée de ma vie qui ne figurera pas dans mon *curriculum vitae*.

Être au foyer :
la catastrophe imminente

J'aimerais maintenant apporter une précision historique à propos de la catastrophe économique que peut constituer le divorce dans la vie des mères à la maison. Je me réfère largement à l'ouvrage d'Hélène Belleau, *Quand l'amour et l'État rendent aveugle. Le mythe du mariage automatique*, et à celui de Dominique Barsalou, *Ma mère ne travaille pas*.

Lorsque la Loi canadienne sur le divorce de 1968 a facilité la rupture des couples mariés canadiens, de nombreuses mères se sont retrouvées sans le sou ou presque dans la « frénésie des divorces » qui s'est ensuivie. Les raisons en sont simples :

Les femmes fraîchement divorcées à cette époque étaient plus que susceptibles d'avoir occupé une bonne partie de leur vie active à s'occuper de leur mari et de leur famille sans rémunération.

En outre, la vaste majorité d'entre elles s'étaient mariées sous le régime de la séparation de biens. La plupart des gens pensaient alors que c'était la façon de faire qui protégeait le mieux les femmes, étant donné qu'elle les prémunissait contre le risque d'une mauvaise gestion des biens familiaux par le mari. Rappelons qu'avant 1970, le mari était plénipotentiaire au sein du couple, et que ses décisions unilatérales avaient force de loi. Rappelons aussi que les couples qui se sont mariés avant tard dans les années 1960 n'avaient aucune raison de croire qu'il leur serait un jour possible de divorcer facilement. Avant 1968, on se mariait pour la vie. La séparation de biens, dans ce contexte, constituait incontestablement la stratégie financière la plus judicieuse pour les femmes, d'autant plus que sous ce régime, les femmes mariées pouvaient gérer les biens qu'elles avaient elles-mêmes apportés au mariage. Enfin, la Loi sur le divorce n'a en aucune façon tenu compte du fait qu'au moment de se marier, les gens n'avaient pas envisagé pouvoir un jour divorcer simplement. Elle ne tenait pas compte non plus de la nécessité de protéger les mères au foyer. Il aurait été relativement simple d'inclure une clause rétroactive invalidant la séparation de biens pour les femmes au foyer mariés avant 1968. Mais cela n'a pas été fait.

Alors oui, c'est vrai, de nombreuses mères au foyer mariées avant 1968 se sont retrouvées très appauvries lorsqu'elles ont divorcé. Même celles qui se sont mariées dans la décennie suivante ont mis du temps à comprendre que la séparation de biens n'était plus la stratégie la plus intéressante pour elles. Ces femmes ont profondément marqué notre imaginaire à cause des conclusions hâtives qu'on a tiré de leur situation : être au foyer est nécessairement un désastre financier lorsque survient une séparation.

Lorsque le féminisme brandit le spectre de l'appauvrissement des mères au foyer séparées, c'est à la situation de 1968 qu'il renvoie directement. L'exemple du sort des mères au foyer divorcées de l'époque a servi la cause : les jeunes femmes d'aujourd'hui continuent de penser qu'elles ne peuvent être à la maison sans courir le risque imminent de « sombrer dans la pauvreté ». (Toujours ce vocabulaire d'effroi au sujet des aléas de la vie.)

Au Québec, depuis 1990, le mariage impose des règles sévères de partage équitable des biens après un divorce. Les couples en union de fait peuvent aisément adopter les mêmes règles en établissant un contrat. Mais le mal est fait : l'idée de risques graves de dommages irréparables pour les mères au foyer est profondément ancrée dans l'esprit des gens.

Anxiétés

Le monde va mal. Le saviez-vous? Votre vie peut s'effondrer d'un jour à l'autre. Vos enfants peuvent être kidnappés, violés, tués et dissimulés dans des réservoirs d'essence. Et votre conjoint peut vous tromper pendant que vous avez le dos tourné. À la quarantaine, il va vous quitter pour une jeune fille que le temps n'a pas encore transformée – et que pourrez-vous y faire? Ce que vous êtes n'est garant de rien dans votre vie, à moins que vous ne le mettiez à profit dans un emploi rémunéré.

Une amie : « Ma belle-mère me dit : "Mais quand les enfants auront grandi, tu vas te trouver bien attrapée! Qu'est-ce que tu vas faire? Tu vas t'ennuyer!"» Elle me prend à témoin : «Mais pourquoi est-ce que je devrais vivre maintenant en angoissant sur ce qui va se passer plus tard?»

Nous sommes obsédées par l'idée de planifier, de verrouiller notre existence entière.

Angoisse de n'être personne si l'on n'est pas stressée.

L'amour, la fusion,
la vie commune, le couple

Il est des choses que les théories militantes ne peuvent intégrer. Le 18 août 2012, mon conjoint depuis 18 ans et moi nous
sommes mariés. Pendant ces 18 années, nous étions pourtant fermement
résolus à ne jamais faire ce pas. Le mariage était une institution patriarcale, rétrograde, à forts relents religieux et bien
que je me sois réjouie chaque fois que des amis ont choisi
cette voie (au Québec, ce n'est arrivé que deux fois), il n'était
pas question de l'envisager pour nous.

Et puis, un dimanche pluvieux de mars, à Bruxelles, alors
que, seule dans ma chambre d'hôtel du Marché-aux-Grains,
je lisais avec émotion le beau roman de Mylène Bouchard
La garçonnière, ça m'est venu comme cela. Pour la première
fois, j'ai éprouvé le désir que nous nous mariions. Il fallait que
le désir s'impose, fort et certain, incontestable pour nous
deux, pour que nous menions ce projet à bien. Car dans notre
entourage, les questions, évidemment, ont afflué. Pourquoi
nous marier?

Les personnages de *La garçonnière* consacrent leur vie à la
poursuite d'idéaux individuels, passant ainsi à côté de leur
amour. Je pense qu'en lisant ce récit, j'ai été saisie une fois de
plus – et cette fois pour de bon – par la nécessité de me débarrasser de certains dogmes féministes qui encombrent ma pensée afin de comprendre enfin qui je suis et ce à quoi j'aspire
vraiment. Cela ne va pas de soi. Il est peut-être plus ardu que
jamais, pour des insoumises dans mon genre, de se frayer un

chemin dans la société sans recourir à la protection du féminisme, la seule théorie, la seule sororité qui comprenne et reconnaisse ce que c'est qu'être une catégorie (hyper) sexuée dans un monde qui surestime son degré d'équité entre les genres. Encore aujourd'hui, sous certains aspects du moins, j'ai besoin du féminisme pour traverser courageusement la vie. Mais ses principes, poussés à l'excès, sont passés bien proches, parfois, de m'enliser dans des ornières improductives et de me pousser à faire des mauvais choix. Je me suis rendu compte, ce jour-là, à Bruxelles, que le rejet féministe de la seule institution qui pouvait possiblement soutenir l'union que je forme avec mon conjoint et lui conférer officiellement un sens relevait d'un entêtement assez bête, au fond.

Peut-être avais-je jusqu'alors gardé en réserve, de façon plus ou moins consciente, la possibilité de vivre un jour une autre vie, plus éclatée, plus trépidante, plus sexuellement exaltante, une vie de conquêtes amoureuses et de baises galvanisantes d'un soir – plus soliptique, aussi. Peut-être étais-je longtemps demeurée fascinée par l'idée qu'il existait dans un monde parallèle une autre moi, la possibilité d'une femme qui cumulerait les succès professionnels, une femme capable de se séparer de ses enfants par semaines entières, une femme multiple, conquérante et aventureuse qui passerait ses vacances dans les atolls du Pacifique Sud, apprendrait l'islandais à Reykjavik entre deux voyages d'affaires en Sibérie, qui s'injecterait consciencieusement sa dose de Depo-Provera dans l'avant-bras tous les trois mois, une femme capable de vivre seule.

La pornographie, les réseaux sociaux et la publicité titillent de manière si constante et agressive cette idée que nous sommes en train de passer à côté de la vraie vie!

Mais le féminisme a aussi sa part de responsabilité. Il a contribué à échafauder l'idée que nous nous faisons de ce que c'est qu'être une femme libérée. «Une vraie». Je sais bien que devant ce type d'affirmation, n'importe quelle féministe québécoise rétorquera avec véhémence qu'il s'agit là d'accusations qui dénotent une ignorance crasse de ce qu'est véritablement le mouvement. «Le féminisme accueille, protège et défend toutes les femmes!» clament les militantes lorsqu'on leur demande si les idéaux féministes n'ont pas contribué à fragiliser au moins un peu la vie des couples et des familles. «Le féminisme, au contraire, a renforcé les mères, leur conjoint et leurs enfants! Le féminisme fait les mariages heureux!» C'est vrai. Mais jusqu'à un certain point seulement. Car la vérité, au Québec, c'est que le féminisme qui domine les représentations médiatiques et les discussions politiques – le seul dont il est question dans cet essai – prône et soutient le modèle de la femme indépendante qui ne doit rien à personne et qui traverse son existence sans s'encombrer de construire durablement quoi que ce soit. Sauf sa carrière, évidemment.

Dans mon mémoire de maîtrise, j'ai tenté de montrer que le modèle féminin préféré de *La Gazette des femmes* est celui de la femme qui ne cesse jamais de travailler contre rémunération, qui mène sa vie comme elle l'entend sans faire de concessions, qui n'emmêle sa destinée avec celle d'un homme ni financièrement, ni émotionnellement, et qui a enfin compris que si elle doit absolument céder à la tentation de la maternité, ses enfants se développeront très bien, merci, sans être constamment couvés par leur mère. C'est le modèle de la femme qui sait «s'organiser» toute seule.

Une féministe d'une soixantaine d'années m'a un jour raconté que lorsqu'elle a dû cesser de travailler pendant plusieurs mois pour soigner un cancer, son conjoint a refusé de financer sa subsistance au nom de son autonomie et de l'égalité. Tout au plus lui a-t-il prêté de l'argent en attendant qu'elle soit en mesure de reprendre son travail. Elle l'a alors *remercié* de veiller à la préservation de son autonomie et, sa chimiothérapie terminée, l'a dûment remboursé. J'étais jeune, alors, et cette histoire m'avait profondément choquée. Elle me choque encore, honnêtement.

Il est très clair à mes yeux que les principes féministes appliqués de la sorte ne valent pas mieux que le patriarcat.

J'entends d'ici les protestations. J'imagine les jeunes femmes interrogées par Annabelle Seery, notamment, m'expliquer

ardemment que leur féminisme, au contraire, les comprend,
et que ce n'est qu'une affaire de temps et de génération pour
que les forces tranquilles de la famille, de la maternité et des
soins s'épanouissent enfin au sein du mouvement.

Je souhaite qu'elles aient raison. Parce que jusqu'à maintenant, au Québec, les femmes et les hommes qui placent véritablement, de manière concrète et réfléchie, leur amour, leur
stabilité, leur famille et leurs enfants au cœur de leur vie n'obtiennent que peu de compréhension et de soutien de la part
de leur société, hors des lobbys antiféministes, réactionnaires
ou religieux.

Lorsque la célèbre féministe américaine Gloria Steinem
s'est mariée en 2000, à l'âge de 66 ans, certaines de ses amies
féministes de longue date y ont vu une trahison !

Idéologie. Idéologie.

Et ainsi ai-je passé les 18 premières années de ma vie de
couple à ne pas officialiser le choix pourtant clair que j'ai fait très
tôt : fonder mon existence sur ma vie familiale et amoureuse.

*

Bien sûr, le féminisme ne se déclare pas contre les couples.
Mais comme pour la maternité, il refuse d'en faire une institution centrale ou un modèle normatif dans la vie des gens.
Il martèle que l'amour est une illusion qui s'évapore au bout
d'un temps (on quantifie même ce temps : six ou sept ans). Il
refuse catégoriquement de réifier le sentiment : l'amour est
une rhétorique, l'amour est un discours, l'amour est une
construction sociale. L'amour n'existe pas, ne peut pas exister,
ne durera pas.

Bien sûr, une bonne féministe compte quelques passions
sexuelles et amoureuses intenses dans son parcours. Mais si
vous croyez que vous pouvez travailler à la pérennité de votre
couple, vous vous trompez. Sachant d'avance que vous allez
vous séparer ou divorcer, la stratégie la plus intelligente est de
ne pas vous engager.

Édifiante prophétie autoréalisatrice.

Vous pouvez être en couple, dit en substance le féminisme. Mais ce couple doit être une activité en périphérie de votre vie. Il ne doit pas déranger votre véritable personnalité (la soliptique) et vos projets de vie (c'est-à-dire votre carrière). Il ne doit pas empêcher les femmes de gagner des revenus exactement aussi élevés que ceux des hommes. Et jamais, au grand jamais, les femmes et les hommes ne devraient se laisser aller à établir leur sécurité financière sur le fait de mettre leurs revenus en commun. En un mot, le couple ne doit en aucun cas bousculer votre autonomie. Ce qui constitue une aberration, évidemment.

Le sociologue français Jean-Claude Kaufmann explique de manière lumineuse que la personne avec qui on se met en couple n'est pas un cerf-volant qui nous suit au bout d'une corde et qu'on ramène à soi quand bon nous semble. Vivre en couple demande un engagement. Pour ma part, je pense qu'il demande même une fusion plus ou moins intense selon les cas. Une fusion, oui. Je mets de l'avant ce terme suranné.

Bien sûr, il est risqué de fusionner. On doit s'ouvrir à l'autre, et du coup, exposer ce qu'on a mis du temps à consolider et qui constitue notre « soi ». Pendant un moment, tout est en jeu. Tout peut survenir. Il se peut également que ni la fusion ni l'amour ne durent, et qu'il faille se quitter. La séparation entraîne alors un déchirement douloureux.

Je crois néanmoins à la force des couples. À la sécurité qu'ils procurent. Je crois à la capacité de la vie à deux à rendre les humains heureux. Je crois à cette idée que les femmes et les hommes apportent dans leur union des perspectives distinctes qui enrichissent ce qu'ils sont. Je crois que la fusion peut créer un tout qui représente plus que la somme de ses parties. Je crois à l'entraide, à la confiance, à la solidarité, à la mise en commun. Je crois à la durée. À la fidélité.

J'y crois, mais pas comme on se laisse berner par les fables. De fait, étant donné le cataclysme qu'a représenté pour moi le divorce de mes parents (survenu dans mon adolescence, pendant mon année en Allemagne), je n'ai pas cru longtemps à la magie de l'amour. Si je crois à la durée et à la fidélité, c'est pour leur capacité concrète – très terre à terre – à me garder heureuse et équilibrée.

Un jour, j'écrirai longuement sur la fidélité, sur le rôle qu'elle a joué dans ma vie, en tant que principe à la fois contraignant et formidablement libérateur. C'est grâce à la fidélité, notamment, que je jouis de la liberté immense d'être mère au foyer, d'écrire à temps plein et, de manière générale, d'être ce que je désire être sans contrainte financière.

La fidélité fait partie de ces principes que nous sommes tentés de laisser tomber à la moindre difficulté parce qu'ils sont trop contraignants et parce que nous avons oublié la satisfaction et la joie qu'il y a à reporter le moment de goûter certaines récompenses. Il semble beaucoup plus passionnant et satisfaisant de baiser quand, comment et avec qui nous voulons que de résoudre mois après mois les problèmes qui n'en finissent jamais de se présenter au sein de n'importe quel couple. Le féminisme a contribué à démanteler le cadre qu'on imposait jadis aux couples qui fusionnent et qui durent (un cadre qui avait aussi ses très mauvais côtés). Les femmes, a-t-il dicté, ne doivent pas mettre leur morale et leur sexualité au service du patriarcat. Les femmes ne doivent fidélité qu'à elles-mêmes.

Et bien sûr, vu sous cet angle, le féminisme a eu raison. Le double standard qui a perduré pendant des siècles (et encore aujourd'hui, hélas, dans plusieurs cultures, la nôtre comprise) quant aux conduites sexuelles des femmes et des hommes n'est rien moins qu'odieux. Je vais affirmer très clairement qu'en aucune façon, je ne considère que la fidélité des femmes est plus évidente, plus «naturelle» ou plus importante que celle des hommes. Les femmes trompées souffrent autant que les hommes cocufiés. Sans émettre de jugement au sujet des considérations qui guident les personnes qui ont des aventures sexuelles hors de leur couple, je n'accorde aucune bienveillance particulière à celles de ces personnes qui sont des hommes.

Ma propre fidélité sexuelle, émotive et spirituelle n'a de sens et de valeur à mes yeux que dans la mesure où elle trouve sa réciprocité dans celle de mon chum.

L'erreur est d'avoir considéré la fidélité comme une entrave qu'on n'impose qu'aux femmes. Je pense au contraire qu'embrassée librement, par des sujets autonomes et pensants, la fidélité réciproque et sa proche parente, la loyauté, constituent des instruments importants de développement de soi et les ingrédients d'un bonheur profond, inscrit dans la durée.

En incitant les femmes à ne pas tout miser sur l'amour, à ne pas se fondre dans leur vie de couple, à préserver coûte que coûte une identité distincte de celle de leur conjoint et à considérer leur capacité à baiser sans affection comme l'une des mesures de leur libération, le féminisme contribue à fragiliser certaines unions. «Mais non! L'autonomie n'est pas le contraire de l'engagement et de la solidarité!» protestent les féministes. Mais elles ne démontrent pas comment elles conçoivent une autonomie et une égalité (au sens de pareil) qui riment avec fusion, fidélité et engagement. Le couple idéal, à leurs yeux, est formé des deux entités préservées qui forment et reforment des unions au gré de leur intérêt et de leurs envies.

Je vais vous dire. La seule véritable façon de conjuguer autonomie, égalité, amour et engagement, c'est la fusion. Dès que vous devenez les parents d'un premier enfant, mettez tous vos avoirs dans un compte commun. *Tous.* Souscrivez une assurance-vie au profit de votre conjoint si vous gagnez des revenus personnels. Mettez votre épargne, vos investissements et vos RÉER en commun. Effectuez tous les achats importants sous vos deux noms. Soyez solidaires et responsables l'un vis-à-vis de l'autre. Reconnaissez que les apports de chacun peuvent être de différentes natures. Manifestez-vous une confiance éclairée.

Vous ricanez peut-être : ne faut-il pas être une belle idiote pour fonctionner à la confiance de nos jours ?

Je pense, au contraire, qu'il faut être aveugle pour ne pas voir que les couples les plus inéquitables sont souvent ceux qui laissent chaque partenaire se débrouiller comme elle ou il peut. Les couples qui déploient des trésors d'ingéniosité pour bricoler une *séparation* égale de leurs finances. Tu paies l'épicerie. Je paie le resto. Tu as droit à tant de dollars à toi par mois.

Mais mes RÉER, c'est à moi, on s'entend. L'apport des femmes au sein des couples et des familles, *qu'elles travaillent ou non*, ne peut pas être récompensé à sa juste valeur dans un tel système.

On m'a raconté récemment le cas d'une femme qui a rencontré son conjoint à l'université. Les premières années, ils ont travaillé au sein du même établissement, au même poste. Puis ils ont eu des enfants. Elle est restée à la maison auprès d'eux pendant quelques années. Il était alors d'accord pour mettre en commun leurs avoirs, c'est-à-dire ses revenus à lui. Lorsqu'elle est retournée au travail, il avait obtenu des promotions et des augmentations de salaire. Elle non, bien sûr, mais elle assumait son choix. C'est rapidement devenu douloureux, toutefois, quand son conjoint a décrété qu'il n'y avait plus de raisons de mettre les revenus en commun maintenant qu'elle travaillait de nouveau à temps plein. Il gagnait désormais une fois et demie plus d'argent qu'elle.

C'est de ce genre d'histoires affligeantes que nous abreuve le féminisme pour nous mettre en garde. « Cette femme n'aurait jamais dû cesser de travailler ! » s'exclame-t-on avec commisération. « On le lui avait pourtant bien dit, qu'elle serait moins riche que son chum au bout de quelques années ! »

Je considère qu'ici, c'est plutôt la conduite du conjoint qui est condamnable. Ou plutôt notre norme sociale, car le pauvre homme ne fait que reproduire un code de valeurs largement louangé et encouragé. Oui, je le plains. Il pourrait vivre une vie familiale et professionnelle saine, sereine et confiante s'il n'était pas tourmenté par l'idée de « trop en donner » à sa conjointe. Si dès le départ on se met sur ses gardes, il n'est pas étonnant que le couple batte de l'aile.

Il me semble que le féminisme répond souvent aux critiques qu'on lui adresse à la façon des enfants : « C'est pas vrai ! J'ai pas dit ça ! »… Alors que tout le monde sait très bien qu'il l'a fait. Et qu'il va le refaire sitôt que nous aurons le dos tourné.

Je préférerais pour ma part un féminisme qui admet qu'il est une idéologie et que, dès lors, il ne peut se targuer d'être l'ardent défenseur de tous les choix de vie. Le gouvernement

de Stephen Harper ne peut pas couper dans les budgets al-
loués à la science et se poser ensuite comme un promoteur de
l'avancement de la connaissance. Le féminisme ne peut pas
militer en faveur d'une indépendance absolue des femmes,
pour ensuite clamer sa sympathie pour la réciprocité et la solidarité qu'implique la vie de couple. Le féminisme a tendance
à se présenter au grand public comme un humanisme, à se
donner une image de tolérance.

C'est largement faux en matière familiale. Le féminisme
dominant milite en faveur de modes de vie qui s'inscrivent
dans un cadre précis, où l'indépendance confine à un certain
égocentrisme. L'amour, le couple, la maternité et la famille ne
sont légitimes que dans la mesure où ils n'entravent en rien la
quête individualiste des femmes.

Ne rien faire

On peut aimer ne rien faire. On n'est pas une dégénérée pour autant. Ne dit-on pas que le sage trouve son contentement à regarder passer les nuages un jour de ciel changeant ?

On peut consacrer le plus clair de son temps à l'entraide, au bénévolat, aux tâches ménagères, à la création, à la lecture, au soin des enfants, à la réflexion, à l'action politique... ou à rien.

On peut vivre une vie entière sans travailler contre rémunération. On n'est pas folle pour autant.

Un doctorat, ou pas ?

Et c'est ici que cet essai prend un tournant inattendu. Dans la foulée de la journée du 8 mars, *Le Devoir* a publié, en 2013, une série d'articles au sujet du partage des tâches entre les femmes et les hommes. Bien que je me sois entretenue avec la journaliste Isabelle Porter dans le cadre de son enquête, je n'ai pas prêté trop d'attention à l'article dans un premier temps. À vrai dire, alors que je me suis efforcée dans ce livre d'aborder tous les thèmes liés à l'organisation familiale, j'ai hésité jusqu'à présent à traiter du partage des tâches, qui m'a toujours paru un terrain somme toute peu constructif. Calculer le temps passé par les unes et les autres à effectuer telle ou telle tâche, tenter de faire le même pourcentage des mêmes gestes aux mêmes heures chaque jour : quel intérêt ?

Les médias raffolent de cette approche, qui a l'avantage de présenter l'égalité entre les sexes en des termes quantifiables, dont on peut mesurer l'évolution – mais n'est-ce pas là, précisément, une façon de faire éminemment réductrice ?

La dynamique familiale, ce tissu subtil de sentiments, de mœurs, d'éducation, de responsabilités, d'échanges et de que sais-je encore, qui porte les membres des familles à agir ou non pour leur bien-être personnel ou pour celui de la maisonnée entière ne se résume pas à une question d'exploitation ou de patriarcat rémanent.

Immédiatement, un aparté : ni les reportages journalistiques, ni les travaux universitaires ne tiennent compte de la contribution des enfants dans le partage des tâches. Est-ce à dire que nous croyons collectivement que les tâches à accomplir ne concernent que les parents, qui doivent servir leurs enfants jusqu'à ce qu'ils quittent la maison ? Je pense que les enfants doivent contribuer de façon substantielle sur le plan domestique et le faire assez tôt dans leur vie, sans marchandage ni rémunération. Je pense qu'il faut préserver, au cœur de la vie familale, des espaces d'entraide et de solidarité. Je pense que tout ne se transige pas.

*

Au moment où paraissait l'article, j'étais plus épuisée que je ne l'avais jamais été. J'avais arrêté de faire de l'exercice. J'avais des problèmes de peau et des douleurs au dos. L'idée même d'ouvrir un ouvrage de sociologie en anglais me donnait envie de me rouler en boule dans mon lit et de ne plus en sortir. Grossesse, allaitement, enfance de mes enfants, baccalauréat, publication de trois romans, maîtrise : rien ne m'avait vidée comme cette première année de doctorat. Mais... pourquoi donc ?

Depuis que j'ai eu mes enfants, je me suis tenue très près d'eux, les cajolant, les reniflant, les embrassant, les nourrissant et les encourageant à chaque instant ou presque. Comprenons-nous bien : je ne suis pas de ces parents-hélicoptères. Jamais, par exemple, je n'interviens auprès de leurs professeures pour qu'elles comprennent les besoins particuliers de mes enfants. Je ne prends pas leur défense à n'importe quel prix, je ne leur organise pas des horaires de présidents d'entreprise, je ne passe pas mes journées à les voiturer et je les contrains (oui) à participer aux tâches ménagères. Je les seconde le moins possible dans leurs devoirs – je considère qu'ils doivent les faire seuls avec autonomie – et je ne les corrige pas. Bref, je ne suis pas à leur service.

Mais je suis là. J'ai toujours été présente dans leur vie, disponible, attentive, capable de réagir presque instantanément à leurs besoins et demandes si je juge que c'est nécessaire. Pendant longtemps, leur père voyageait beaucoup et il allait de soi que c'était moi qui assurais la continuité, la stabilité et la qualité de vie à la maison. Cet arrangement nous rendait heureux.

J'ai mis deux ans à prendre la décision d'entreprendre un doctorat. Cela ne s'est pas fait sans d'intenses conflits intérieurs. Les enjeux se bousculaient dans mon esprit: être proche de mes enfants, faire ce que j'aime (mais quoi?), gagner de l'argent pour soutenir mon conjoint dans son rôle de pourvoyeur alors que nos enfants mangeaient pour près de 1500 $ d'épicerie par mois, mettre mes talents au service de la société, me déployer, vaincre mon sentiment de malaise en milieux professionnels, acquérir prestige, valeur et renommée, donner l'exemple de hautes études à nos enfants, me comporter en adulte féministe qui gagne sa vie…

J'ai été jusqu'à me demander sérieusement si je ne souffrais pas du complexe de Cendrillon, tel que décrit par la psychologue américaine Colette Dowling au début des années 1980. Les femmes, écrivait Dowling, ne rêvent au fond que d'une chose: être entretenues par un homme et éviter d'avoir à porter elles-mêmes des responsabilités. Elles sont terrorisées par la maturité que demande le fait de se lever chaque jour pour se rendre au boulot et par les risques qui y sont liés. Et, très honnêtement, quitte à renoncer ici à ma crédibilité: j'avoue qu'il y a *quelque chose* là-dedans qui s'applique à ce que je ressens vis-à-vis du travail rémunéré. (Au fait, certains hommes sont-ils, eux, terrorisés à l'idée de «porter eux-mêmes la responsabilité de la santé et du bien-être de leurs enfants»? D'accord, la question n'est pas là pour l'instant.)

Tout au long de ma première année de doctorat, l'émotion et la raison se sont heurtées constamment parfois jusqu'à susciter chez moi un profond découragement. Pourtant, tout ce temps, je n'avais que peu conscience de ce qui se jouait réellement – et d'un aspect crucial des possibilités qui s'offraient à moi.

Dans les jours qui ont suivi la parution des articles du *Devoir*, certaines de mes amies s'agitaient sur Facebook, irritées au plus haut point par la réaction des hommes. «Nous avons changé, clamaient-ils. Nous en faisons beaucoup plus

qu'avant!» Certains allaient jusqu'à prétendre que le partage
des tâches les défavorise désormais!

Ils n'avaient pas nécessairement tort, d'ailleurs. Certains
chercheurs osent écrire que si on cumule le travail rémunéré
et les tâches domestiques, les hommes travaillent plus que les
femmes chaque semaine.

Je suivais la dispute de loin, pas du tout sûre de l'intérêt
stratégique de la discussion. Je demeure convaincue que plusieurs hommes font ce qu'ils peuvent. Je ne vois aucun problème à ce qu'ils réparent la toiture ou installent les pneus
d'été sur la voiture pendant que les femmes plient une brassée
de lavage ou magasinent les jeans des enfants.

Un dimanche, je prenais le thé chez mon amie B., qui rou-
git lorsque je la cite, mais qui est si affirmée et pertinente :
«Les hommes sont tout heureux de nous annoncer qu'ils ont
rangé la tasse qui traînait sur la table et ne se rendent même
pas compte du fait que pendant qu'ils le faisaient, nous passions un linge pour effacer le cerne et donnions un coup de
balai entre les chaises.» Nous buvions un Earl Grey délicieux.
La lumière du premier dimanche à l'heure avancée me récon-
fortait : le gros de l'hiver était passé. La relâche était terminée.
Demain, les enfants retourneraient à l'école.

J'ai entendu ce discours sur le partage des tâches des centaines de fois. Ce ras-le-bol, cette impuissance à faire comprendre aux hommes ce que nous attendons d'eux. Le savons-
nous nous-mêmes, au fait ? Jamais encore je ne suis parvenue
à me formuler ce qui est si injuste, si exaspérant dans la façon
qu'ont les hommes de ne pas se laisser dépasser par l'organisation de leur vie. Il arrive que je me surprenne à penser que
nous devrions prendre exemple sur eux plutôt que de les tan-
cer. Laisser traîner les tasses, nous aussi, des fois. Mais le
monde, alors, ne va-t-il pas s'effondrer ?

*

Je n'ai pas conscience de ressentir ces sentiments. De penser ces
pensées. De cette vérité en moi qui est sur le point d'imploser.

Et puis j'arrive à la maison et je fonds en larme, évidemment. Mes hommes ont passé la journée à la cabane à sucre en ville, où ils se sont rendus à vélo pour la première fois du printemps. Ils lisent, étendus sur des divans dans des poses saugrenues, chacun à leur manière. Grosse discussion avec mon chum avant de partir, la même, toujours la même, depuis que j'ai entrepris mon doctorat : arrêter ou poursuivre ? Et si j'arrête, comment justifier les bourses généreuses qui m'ont été octroyées ?

Depuis quelques semaines, j'en suis arrivée à la conviction que je dois arrêter, peu importent les conséquences, parce que je suis en train de me noyer. C'est l'instinct de survie qui s'impose. Il faut que quelque chose cède. Comme ce ne peut être ni les enfants ni l'écriture, ce doit être le doctorat.

Je pleure pendant deux heures. Mon mari est assis devant moi. Il m'écoute parler.

Je dis que j'en ai marre de m'occuper des enfants.

Je dis que j'ai donné pendant 18 ans et que maintenant, je veux que ce soit lui qui prenne en charge l'organisation de la maisonnée.

L'un de nos enfants est très rebelle. Il tente par tous les moyens de prendre le dessus sur moi. Je suis consciente que je ne dois à aucun prix lui céder, qu'il est impérieux que je sois plus forte que lui pour qu'il se sente en sécurité. Mais je suis à bout, complètement inquiète, désarçonnée, triste de ce que la vie soit si difficile pour lui. Et je doute profondément de ma valeur et de mes capacités de mère.

Je dis : « Son mur ne peut plus être moi. »

Mon mari répond : « Il faut que tu te sentes moins responsable. Il entre au secondaire, maintenant. Il faut qu'il devienne un adulte de lui-même, qu'il affronte les conséquences de son tempérament, qu'il découvre qui il est – sans toi. »

Je dis : « Peut-être qu'il va aller mieux si je m'inquiète moins à son sujet. »

*

Après le souper, plus calme, j'appelle ma voisine : « Est-ce qu'il y a de l'école demain ? » Je dois me rendre à Montréal tôt demain matin, alors je voudrais être certaine que la maisonnée ne tombe pas en crise à 7 heures et quart en plein déjeuner, quand nous allons nous rendre compte à la dernière minute qu'il y a une journée pédagogique flottante que j'ai oublié de noter. Ça arrive souvent au retour des longs congés.

—Ah, c'est drôle que tu m'appelles, Annie, parce que j'ai pensé à toi toute la fin de semaine. J'ai lu les articles dans *Le Devoir*. Je bous, tu peux pas savoir.

—Comment ça ?

—Tous ces hommes qui se pensent tellement évolués parce qu'ils mettent la vaisselle dans le lave-vaisselle ou parce qu'ils vont chercher les petits au CPE trois jours sur cinq ! Ils ne se rendent pas compte ! C'est épouvantable ! Ils ne comprennent pas que ce qu'ils font, c'est peut-être trois, cinq ou dix fois plus de petits gestes ici et là qu'ils n'en faisaient auparavant, mais que pour ce qui est de la charge mentale, des soucis, de l'accaparement et de l'organisation que nous portons constamment et qui nous épuisent, rien, absolument rien n'a changé – c'est même pire qu'avant !

—Tu crois ?

—J'en suis sûre ! C'est une injustice épouvantable ! Les femmes doivent gagner leur vie comme les hommes, mais en traînant le boulet de ces préoccupations sans que jamais ça ne soit reconnu. Il y a plein de gens qui pensent que l'égalité est acquise et que le partage des tâches est maintenant équitable ! Ça me déprime, tu peux pas savoir. Jamais ça n'a été aussi inégal.

Je suis évidemment familière avec le concept de la charge mentale particulière des femmes. Il me semble relever de l'évidence. Mais l'exaspération de ma voisine agit subitement, comme une espèce de révélation : je suis frappée par la grâce et tout à coup, je vois. Je vois ce qu'est ma vie en ce moment et pourquoi elle ne fonctionne pas.

J'en ai marre de m'occuper des enfants.

«En passant», conclut ma voisine avant de raccrocher, «ça ne m'étonne pas du tout que ce soit toi qui m'aies appelé. Ton chum ne se serait pas demandé s'il y a de l'école demain et ce qui va arriver de tes cours à Montréal et de la journée des enfants s'il n'y en a pas.»

*

Une mère qui ne veut plus s'occuper de ses enfants est-elle encore une mère? Suis-je en train de me contredire profondément? Moi qui défends la beauté et le sens profond de la maternité au foyer depuis des années!

*

Plus tard, alors que mon fils le plus jeune est dans son bain, je ramasse ses bas sales, prépare les partitions pour son cours de piano, vérifie du coin de l'œil si des courriels concernant un travail d'équipe à remettre demain sont arrivés dans ma boîte et descends au sous-sol frapper à la porte de son frère aîné afin de l'extirper quinze minutes de sa tanière pour vider le lave-vaisselle (une requête à laquelle il oppose un regard étonné: je ne suis plus censée le déranger à cette heure, quand il s'est replié dans ses quartiers!). Et puis, je m'informe de l'état des relations sociales de mon fils (celui qui est dans le bain). J'ai remarqué qu'il n'appelle pas beaucoup ses amis ces derniers temps et passe le plus clair de son temps à la maison avec son grand frère. Mon conjoint a vu la même chose et en a noté l'étrangeté, mais je ne pense pas qu'il éprouve la même inquiétude que moi. Une chose est certaine: il ne prendra pas l'initiative d'aborder le sujet. De fait, à ce moment précis, protégé par ses écouteurs, il est plongé dans une série sur son ordinateur. Il se détend. C'est dimanche soir, après tout.

Je m'immobilise, interdite, au milieu de l'escalier.

*

Nous en sommes venues à croire que nous n'avons «le droit»
de travailler à temps partiel ou de rester à la maison qu'à
condition d'occuper chaque seconde gagnée au bien-être de
notre famille. Nous en sommes venues à croire que nous n'avons le droit
d'attendre de notre conjoint et de nos enfants qu'ils fassent
leur part dans la maisonnée qu'à condition de pouvoir prouver que nous n'arrêtons jamais un seul instant de nous affai-
rer, que nous sommes exténuées et que nous ne pouvons pas
humainement y arriver sans leur contribution. Sitôt que nous
jouissons d'un moment libre, d'un sursaut d'énergie, d'un peu
d'équilibre, nous semblons perdre le droit de demander de
l'aide.

Qu'il s'agisse de la quête de perfection ménagère des années de l'après-guerre ou de l'hypermaternité d'aujourd'hui,
nous continuons de croire que la permission de nous mettre
au lit le soir avec le sentiment du devoir accompli est une victoire remportée de haute lutte.

Qui a dit que nous devons passer chaque instant à «performer» dans notre vie familiale?

*

Le lendemain matin, j'annonce à mon chum: «Je vais faire
comme toi. Je vais me concentrer sur l'écriture et sur mon
doctorat. *S'il me reste du temps*, je le consacrerai aux enfants.»

En disant cela, je m'épouvante moi-même. Comment une
mère peut-elle prétendre reléguer ses enfants au second plan?

Mon chum me jette un regard calme:

— Oui, c'est parfait.

— Mais… tu vas prendre la relève? Tu vas t'occuper du
bien-être de nos enfants au moins autant que je l'ai fait pendant les 17 années que nous venons de passer? C'est à ton tour,
maintenant, mais j'ai mérité que tu le fasses aussi bien que
moi!

—Je vais le faire à ma manière.

—Non! Ne dis pas ça!

L'anxiété revient au quart de tour, elle est de nouveau prête à exploser. Toutes les femmes savent ce que veut dire «à ma manière» dans la bouche d'un homme. Il le sait aussi, mais il ne se justifie pas. Il y a des semaines qu'il me répète: «Tu dois te détacher des enfants. Tu n'as pas toujours envie de répondre à leurs demandes et de t'occuper d'eux. C'est normal, même si tu passes plus de temps à la maison que moi.»

Je ne comprends pas ce qu'il veut dire, exactement.

Je ne veux pas le comprendre.

Je m'applique les paumes sur les oreilles pour ne pas l'entendre.

*

Écrire et étudier ne rapportent pas assez d'argent pour que j'aie le droit de ne pas me charger en plus, à chaque instant, de la maisonnée et des enfants. Une mère est censée prendre la responsabilité de l'organisation familiale et désirer être le plus souvent possible auprès de ses enfants. Je n'ai pas le droit d'écrire paisiblement, d'avoir un métier qui me laisse du temps libre et qui ne me stresse pas; je dois être occupée tout le temps. Je ne serais plus une mère si je ne m'appliquais pas à chaque instant à «performer» ma maternité.

La réalisation de l'emprise qu'avaient sur moi ces quatre fausses croyances m'a menée à une étonnante réalisation. Mon doctorat m'a servi de prétexte, en me donnant la permission d'en faire moins dans mon rôle maternel. J'ai utilisé mon doctorat pour combler ce qui, autrement, serait *du temps que je n'ai pas envie de consacrer à mes enfants*. Maintenant que je comprends cela, je peux me poser la vraie question: est-ce que j'ai envie de poursuivre mon doctorat?

*

La véritable équité est celle qui permet que chaque conjoint soit heureux, se déploie et trouve du sens dans l'organisation de sa vie. La véritable équité inclut la participation des enfants. Et la possibilité d'en faire moins. La véritable équité ne se quantifie pas précisément, et se transforme constamment.

Je crois moins que jamais au calcul minutieux du temps et de l'énergie que consacre chaque conjoint à chaque tâche. Car le partage des tâches est tissé d'ajustements constants, de questionnements, d'exultations, de déceptions, d'avancées et de louvoiements. Il est l'exercice sans cesse actualisé de notre capacité de réfléchir, d'énoncer ce que nous désirons et de nous ajuster. Il implique une mise à distance des dogmes et des normes que certains discours cherchent à nous imposer. Il est l'un des lieux cruciaux de l'intégration des enfants à la vie familiale. Il présume que l'on a confiance en la bonne foi de son conjoint. Il est une longue, une interminable, une passionnante discussion.

Les femmes ont-elles encore besoin du féminisme?

Dans les heures qui ont suivi le jugement de la Cour suprême dans l'affaire d'Éric et de Lola, plusieurs «Québécoises ordinaires» ont exprimé dans les médias leur satisfaction devant la victoire d'Éric au nom de leur droit et de leur capacité à mener leurs vies comme elles l'entendent : «On n'a pas besoin de l'État, de la Cour suprême ou du féminisme pour nous protéger», ont-elles affirmé... C'est que beaucoup croient à tort que le féminisme institutionnalisé soutenait Lola.

La confiance des Québécoises en elles-mêmes est l'une de grandes victoires du féminisme. Qu'elles le reconnaissent ou non, les femmes ambitieuses et déterminées d'aujourd'hui sont redevables au féminisme de leur avoir offert la possibilité d'embrasser des carrières stimulantes et de jouir pendant plusieurs années d'une liberté financière et sexuelle avant de choisir ou non de fonder une famille. Ces femmes ont-elles encore besoin du féminisme? Étonnamment, elles sont souvent les premières à répondre que non.

Et on peut se réjouir de ce «non» dans la mesure où il témoigne de cette confiance en elles des jeunes femmes d'aujourd'hui et d'un refus de se laisser dicter leur voie par quelque instance que ce soit. Il camoufle pourtant des effets pervers importants :

- Ces jeunes femmes n'ont peut-être pas encore d'enfants, ou n'ont peut-être pas eu à se séparer de leur père. Plusieurs enquêtes ont donné la parole à des femmes qui ont affirmé que leur confiance dans les acquis du féminisme et en l'égalité avait subi un sérieux revers lorsqu'elles sont devenues mères. Il semble qu'encore aujourd'hui, l'égalité des sexes n'existe qu'à condition d'occulter la maternité.

- La confiance en elles des Québécoises va de pair avec une socialisation qui leur apprend qu'elles peuvent tout faire et tout avoir à condition de ne jamais cesser d'être performantes. Elle est aussi liée à la perception individualiste que les succès et les échecs découlent de la compétence personnelle et non des systèmes sociaux ou des relations entre les femmes et les hommes, notamment.

- Finalement, et paradoxalement, cette confiance débouche sur la conviction des femmes de pouvoir venir à bout à elles seules de la parentalité... jusqu'au moment où elles font l'expérience concrète de ce que représente le fait d'avoir des enfants.

Je pense donc qu'elles ont tort. Je pense qu'autant que jamais, les femmes d'aujourd'hui ont besoin de soutien dans l'exercice de leur maternité. D'un soutien qui soit beaucoup plus fondamental et chaleureux que l'adoption de politiques de conciliation famille-travail. Je pense qu'il n'y aura d'égalité véritable que le jour où la maternité sera reconnue pour ce qu'elle est : une dimension fondamentale de la vie en société.

J'ai expliqué tout au long de cet essai que je ne suis pas certaine que le féminisme tel que nous le connaissons soit le cadre idéal de l'avènement de ce progrès. Il a certes tenté d'y contribuer, mais la conciliation famille-travail comporte les limites que j'ai expliquées. De fait, le féminisme a plutôt eu tendance à bloquer toute tentative d'accorder à la maternité l'importance réelle qu'elle revêt pour les mères et pour les sociétés.

*

Le 8 mars est désormais l'occasion, pour bien des femmes, de se déclarer féministes, notamment sur les réseaux sociaux. Qu'entendent-elles par là exactement ? Le mot renvoie à toute une panoplie d'émotions, de rêves, d'espoirs et de frustrations, d'enjeux politiques, économiques et sociaux, à une envie de reconnaissance, de dignité et d'égalité.

Une amie écrivait sur ma page Facebook : « Je me sens féministe, mais je ne suis pas certaine de correspondre aux critères.» (Elle est mère au foyer.) Une autre amie lui a répondu : «Si tu te sens féministe, tu l'es.» (Ce qui est faux, à mon avis.)

Certaines femmes écriront plutôt : «Je suis féministe parce que je souhaite qu'un jour, le mot "femme" n'ait plus de signification et que nous n'appartenions plus qu'à l'humanité, tous ensemble.» Alors que d'autres diront : «Je suis féministe parce que je veux pouvoir me sentir belle et désirable sans me sentir menacée.»

Les femmes ont-elles encore besoin du féminisme? À tout le moins, elles ressentent la nécessité d'un mot, d'un mouvement, d'un rassemblement, d'un élan. Le féminisme coïncide parfois avec l'idée qu'elles se font du monde qui leur conviendrait. Mais, théoriciennes et militantes mises à part, la plupart des femmes qui invoquent le féminisme avec ferveur ou espoir ont plutôt en tête la notion d'un humanisme.

Adhérer à la théorie féministe est plus exigeant que de simplement se dire féministe. Pour ce faire, il faut souscrire à l'idée que le patriarcat est la force première («l'ennemi principal», selon l'expression de la Française Christine Delphy) qui continue d'imposer son joug sur l'existence des femmes et des hommes. Quand on est femme, il faut se concevoir soi-même comme opprimée. Il faut nier que le féminisme puisse causer le moindre tort aux hommes. Il faut ricaner en entendant dire que «l'égalité est acquise». Il faut, à l'instar de la sociologue Francine Descarries, qualifier de «déconcertant» le féminisme du choix, parce que celui-ci ne fait pas du patriarcat le cadre de l'aliénation. Il faut lutter contre la division sexuelle du travail. Il faut voir l'histoire des femmes comme une longue marche d'esclaves malheureuses à qui on impose les tâches ménagères et la maternité.

Lors d'une table ronde que présidait une historienne féministe, j'ai demandé s'il était possible d'écrire une histoire des femmes qui ne soit pas féministe, c'est-à-dire une histoire qui fasse des femmes les artisanes de leurs vies à travers les siècles, les sociétés *et* le patriarcat. L'histoire, après tout, considère bien les hommes comme les maîtres de leur destinée malgré le fait qu'ils aient été soumis à d'innombrables contraintes. Les féministes autour de la table ont cru que j'étais une antiféministe infiltrée.

Je n'ai pas compris leur méfiance, ni ce que ma question avait de subversif. Je suis rentrée chez moi avec l'impression d'étouffer. Le féminisme, il y a des jours où je comprends qu'on puisse désirer s'en passer.

Lucie Joubert pose la question à l'envers, en quelque sorte : le féminisme doit-il répondre aux besoins des femmes ? Plus précisément, elle se demande si le féminisme doit absolument «résoudre le problème» de la conciliation famille-travail.

> Pourquoi *tout* attendre des féministes ? écrit-elle. Pourquoi faire reposer nos choix sur elles ? Elles sont pleines de bonne volonté mais elles ne pourront jamais décider à la place d'une autre l'usage qu'elle fera de sa vie : si tel était le cas, il s'en trouverait pour le leur reprocher, d'ailleurs. Si nous nous sommes libérées du paternalisme, ce n'est pas pour nous remettre un autre bât, même pratique idéologiquement, sur le dos. Nous sommes de grandes filles, nous avons maintenant le choix et nous pouvons nous en donner les moyens.

*

Bien sûr, en Afghanistan, à Ciudad Juarez, dans le Yunan, partout dans le monde, à chaque instant, des femmes sont battues, violées, exploités, mutilées, massacrées. Il faut lire *Le livre noir de la condition des femmes* de Christine Ockrent si on en doute. Au Canada, une femme sur cinq subira une agression sexuelle au cours de sa vie. *Une sur cinq.* Cet argument clé est le premier qu'a utilisé Martine Delvaux pour m'expliquer pourquoi nous avons toujours besoin du féminisme. Voici un extrait de ce qu'elle écrivait en réponse à la publication de mon texte sur les propos de Carla Bruni-Sarkozy:

> Dans les derniers jours, une étudiante indienne s'est enlevé la vie après avoir été victime d'un viol collectif: c'est la deuxième jeune femme violée qui s'enlève la vie dans ce pays au cours des dernières semaines. On dira peut-être que ça n'a rien à voir. Mais pour moi, aujourd'hui, c'est un point de départ.

«Vous avez besoin de nous! clame les féministes. Comment pouvez-vous imaginer le contraire! La misogynie crasse qui sévit sur les trois-quarts de la planète montre bien que vous êtes plus fragiles que jamais! Que votre sentiment de confort et d'indépendance est une illusion! Comment osez-vous vous distancier du destin des femmes musulmanes, ou autochtones? Tant que la planète entière ne sera pas libérée, vous vous devez d'adopter intégralement notre lecture! Nous contrôlons l'agenda politique! Nous seules savons ce qui est bon pour vous!»

Inutile de préciser que je reconnais le piètre état de la condition des femmes ailleurs dans le monde. Je vois mal, néanmoins, en quoi les exactions commises à l'étranger autorisent l'emprise que le féminisme s'arroge sur nos vies de Québécoises.

Peut-on sérieusement prétendre que, dans le Québec d'aujourd'hui, la majorité des hommes imposent aux femmes le cadre dans lequel elles peuvent évoluer? Peut-on sérieusement prétendre que la majorité des Québécoises sont contraintes de mettre leurs aspirations de côté et d'agir d'une manière «féminine» en cédant l'avant-scène à leur conjoint? Je suis née à Sainte-Foy en 1973. Jamais, pas une seule seconde, je n'ai

mis le moindre frein à mes ambitions ou à ce que je désirais
être par crainte de faire ombrage à un homme ou parce que
le patriarcat imposait des balises à mes aspirations. De fait, si
je n'avais pas tant lu d'analyses féministes, le concept de soumission féminine me serait, à ce jour, largement étranger.
À 18 ans, je venais d'entreprendre des études en droit et
rêvais de devenir ambassadrice aux Nations unies. C'était une
idée que j'avais piquée à Mafalda. C'était le rêve d'une adoles-
cente éprise de gloire, mais très peu consciente du mode de
vie qu'il exigerait dans la réalité. Pour m'aider, ma mère avait
organisé un rendez-vous avec un ambassadeur retraité de sa
connaissance afin qu'il me conseille. Nous avons passé une
heure dans son bureau. Je me souviens de son enthousiasme,
de ses encouragements et de sa bienveillance. Mais je n'ai vraiment retenu qu'un élément précis de la conversation : « Avez-
vous songé à la façon dont vous organiserez la vie de votre
famille et de vos enfants ? »

Dans les jours qui ont suivi, j'ai abandonné mon ambition.
Il ne s'agissait pas de laisser un homme hypothétique (le
futur père de mes enfants) contrôler le champ des possibilités
qui s'offraient à moi. Je me souviens avec acuité d'avoir pensé
que je serais sans doute capable de dénicher un conjoint qui
accepterait de s'occuper des enfants. Et de m'être dit aussitôt :
« Mais je ne le désire pas. Je veux m'occuper moi-même de mes
enfants. » Il s'agissait de moi, de ce que j'attendais de la vie,
moi. En dépit de ce tout qu'on m'avait inculqué, je découvrais
que la maternité y figurait au premier plan. Je n'y avais jamais
songé auparavant.

Qu'il s'agisse de leur maternité ou de leur profession, il
me semble indéniable que la majorité des Québécoises gran-
dissent désormais dans la conviction que rien d'autre que leur
propre volonté ne peut freiner leurs ambitions. Surtout pas
un homme ou les convictions étriquées sur les exigences de la
maternité.

*

Dans *The End of Men and the Rise of Women*, la journaliste américaine Hanna Rosin dresse un panorama de la situation actuelle des femmes aux États-Unis. Elle établit des faits que nous entendons peu souvent : la violence envers les femmes a baissé de façon drastique depuis deux décennies, les femmes semblent s'adapter mieux que les hommes au caractère changeant du marché de l'emploi et des universités américaines privées adoptent même des politiques de discrimination positive pour les hommes ! On peut évidemment critiquer le manque de nuance de Rosin, qui accorde une importance démesurée et très marquée culturellement à la carrière, à la capacité de consommation et au niveau de vie et le fait qu'inversement, elle passe rapidement sur la pauvreté des femmes et les inégalités liées à la maternité. Mais elle dresse tout de même un portrait saisissant de la société américaine d'aujourd'hui : une société où les femmes sont fortes, soutenues, scolarisées. Un monde dans lequel – malgré des embûches qui persistent – il devient difficile de les définir comme des victimes du patriarcat. À la lecture de cet essai, je ne peux m'empêcher de me demander si les féministes ne se cramponnent pas à l'enjeu du plafond de verre pour occulter le fait que l'université et certains secteurs d'emploi prestigieux sont désormais des domaines largement féminins ? Les féministes qui insistent sur le fait (indéniable) que les femmes sont plus souvent victimes de violence domestique que les hommes glissent sur le fait que cette violence a diminué, et aussi que les hommes en sont de plus en plus souvent victimes.

Un homme que j'estime m'affirmait sans sourciller : « C'est des hommes dont il faut se préoccuper maintenant. » Cet homme n'est ni masculiniste ni antiféministe. Je le connais au contraire comme un être sensible, intelligent et dévoué. Mais ce qu'il appelle de ses vœux révulse les féministes : reconnaître que les hommes sont mal en point, que ce sont peut-être eux qui, dans certains domaines du moins, ont le plus besoin d'aide.

La bataille, dès lors, se joue sur le plan des représentations. Les femmes continuent-elles d'être les victimes du patriarcat ?

Ou est-ce que ce sont les hommes qui peinent désormais à se définir dans un monde «envahi» par les femmes? Faut-il nécessairement être féministe ou masculiniste? L'humanisme constitue-t-il une vision porteuse d'avenir, ou un renoncement à résoudre des enjeux compliqués? N'est-il qu'un cliché jovialiste et sans substance qui ne tient pas compte des inégalités persistantes dans notre société?

Dans un monde occidental où les femmes tirent de mieux en mieux leur épingle du jeu et sont les maîtresses de leur destinée, un monde où elles savent composer avec la misogynie, le sexisme et la prédation de certains hommes (qu'elles ridiculisent, écartent du revers de la main ou combattent activement de plus en plus souvent), quel rôle le féminisme doit-il jouer dans nos vies?

Tout se passe comme si le féminisme cherchait par tous les moyens à étendre le domaine de la révolte. Comme s'il redoutait le moment où on lui intimerait l'ordre de se saborder. Pour qui, pour quoi lutter désormais? Delvaux écrit:

> Moi, celle qui parle ici, j'ai besoin d'être féministe parce que j'ai besoin d'être consciente du privilège qui est le mien, celui d'être blanche, Québécoise, de classe moyenne, éduquée, en bonne santé, professeure, écrivaine, mère, fille, et amante dans des conditions souvent excellentes...

En tant que féministe, il lui est probablement impossible de présenter cette situation comme une nouvelle normalité: être une femme privilégiée.

Autrement dit, on est désormais féministe pour d'autres que nous. Ou par reconnaissance envers celles qui ont mené les luttes dans le passé. Ou par peur d'un ressac, d'une contagion réactionnaire venue de l'extérieur. Ou... parce qu'on est incapable d'assumer un pouvoir inédit? Par culpabilité?

Je pense qu'en ce qui concerne la maternité, le féminisme québécois craint de relâcher sa tutelle sur ces femmes qu'il a désirées libres. Je pense qu'il se cramponne au pouvoir certes relatif, mais réel qu'il a construit au fil des années. Je pense que, par certains aspects, il se comporte comme une arrière-garde qui tente de protéger ses révolutionnaires, ou comme un cénacle qui ne subsiste plus que par habitude, planant si haut au-dessus de la façon dont les femmes et les hommes vivent désormais leur vie qu'il ne la distingue plus vraiment. Je pense aussi qu'il a mis tant d'énergie à construire la théorie des genres, des inégalités et du patriarcat qu'il lui est virtuellement impossible de concevoir le monde autrement. Cela se comprend.

Et pourtant. Je pense, avec d'autres, que les Québécoises parviennent désormais à contourner la plupart du temps les inégalités et les handicaps patriarcaux. Qu'elles font largement fi du patriarcat rémanent qui se donne à voir dans la pornographie, la publicité sexiste, chez les humoristes misogynes, dans le masculin universel de la langue française et même dans l'extrême domination des hommes dans la représentation que nous nous faisons de l'histoire, de l'art, de la politique et des médias, par exemple. Je pense aussi que certaines détournent même à leur profit (qui pourrait les blâmer?) cette domination. Je pense que cet étalage navrant de débilité et d'archaïsme, dans l'ensemble, ne les empêche plus d'avancer.

Mais justement. C'est peut-être parce que les femmes sont de plus en plus triomphantes qu'il faut se méfier plus que jamais des racines profondes et tenaces du patriarcat. Pour ces hommes qui éprouvent des difficultés à s'adapter aux nouvelles règles du jeu, il est plus simple et tentant d'actionner des mécanismes de verrou et de repli qui sont en place depuis des millénaires et prêts à l'emploi que d'imaginer de nouvelles façons pour eux de se réaliser. Le féminisme demeure peut-être le seul rempart contre les tentatives de certains hommes de nous humilier et de nous museler à nouveau. Contre, notamment, l'exploitation effarante qui est faite de notre corps dans les véhicules médiatiques même les plus anodins.

En écrivant ces lignes, j'échappe difficilement au sentiment d'angoisse qui tire sa source de millénaires de contraintes et d'asservissement. Les femmes ont-elles réussi à imposer leur dignité de manière durable ? Demeurons-nous à la merci de lobbys réactionnaires ou religieux bien financés et organisés ? Ou faudrait-il, au contraire, enfin cesser d'avoir peur ?

Je continue de me dire féministe parce que le mot continue d'évoquer pour moi la subversion, la prise de parole, l'affirmation de soi. Mais d'autres femmes montrent chaque jour qu'il est aujourd'hui possible d'être ce que nous sommes, sans complexe ni culpabilité, et sans béquille idéologique. Alors j'hésite, désormais.

Le privé est politique

Par un jour de février, je me rends chez une voisine nouvellement retraitée. J'ai pris mon ordinateur portable pour noter ce qu'elle me racontera. Mais d'abord, un thé aux agrumes dans de la porcelaine de Limoges.

«Comment vont tes enfants, Annie? s'enquiert mon hôtesse. J'ai vu ton aîné dans la côte cette semaine: c'est incroyable comme il a grandi!»

— Oui. Tu te souviens quand il jouait avec ses amis dans le parc, juste sous ta fenêtre?

Nous nous rappelons. Je me sens bien auprès d'elle. Sa maison a une âme. Tout y est féminin, délicat avec une prédilection pour les années 1950. En plein milieu de l'après-midi, j'y ressens une grande paix.

— Et toi? Comment se passe ta retraite?

— Je consacre le plus clair de mon temps à la défense des «terrains».

Il s'agit de ces terrains patrimoniaux sur les hauteurs de Sillery où des communautés religieuses se sont établies au cours des siècles. Ces parcelles gigantesques étalent leurs champs, leurs boisés bucoliques et leurs clôtures de bois gris en cascade à partir du chemin Saint-Louis et jusqu'à la falaise escarpée. De là, la vue sur le fleuve et sur le passé résume à elle seule 400 ans de peuplement européen et des millénaires de vie quotidienne et d'échanges entre les peuples autochtones sur ce qui est devenu le chemin du Foulon.

Depuis quelques années, toutefois, l'endroit n'est plus décrit qu'en termes d'immobilier, de taxes à prélever, de dézonage. Heureusement, des gens de mon quartier s'appliquent depuis maintenant huit ans à contrer la vente au plus offrant de ces lieux qui sont censés être protégés en tant que patrimoine national depuis 1964 et que même le gouvernement du Parti québécois, supposément champion de la culture et de l'identité, se refuse pourtant à défendre jusqu'à présent.

— Il n'y a pas de hasards, Annie. Comment aurai-je pu m'occuper de tout cela tout en travaillant ?

— Tu crois que tu n'aurais pas pu te battre avec autant d'énergie et de vigilance si tu travaillais encore à temps plein ?

— C'est évident. Te rends-tu compte des moyens démesurés des promoteurs ? Ils font chanter les politiciens ! Les gens qui travaillent n'ont ni l'énergie ni le temps de défendre le bien commun et l'environnement.

*

Il serait facile d'identifier ma défense de la maternité au foyer comme de la complaisance individualiste envers celles qui, comme moi, «ont la chance» de ne pas avoir à travailler contre rémunération. On pourrait penser que je me fiche de la solidarité féminine, de la nécessité de militer, des projets collectifs.

Rien n'est plus éloigné de la vérité, pourtant.

J'ai été au foyer à temps plein auprès de mes trois enfants pendant dix ans. J'ai choisi cette existence parce que c'était celle qui avait le plus de sens pour moi à cette époque et parce qu'elle m'apportait beaucoup de joie. Il s'est agi d'une période particulièrement sereine, stimulante et heureuse, bien que ces années aient aussi été les plus justes, sur le plan financier, de ma vie adulte. Pourtant, je n'ai eu l'impression de manquer de rien. À la maison, auprès de mes enfants, je n'étais que peu exposée à la comparaison, à la surenchère et à l'envie de biens matériels. J'étais une jeune femme exaltée : je désirais ardemment qu'un changement social important survienne, que la consommation diminue, que les excès du capitalisme soient dénoncés et que nous tenions mieux compte des véritables besoins humains dans l'organisation de notre société. Être mère au foyer constituait pour moi un acte de protestation. Faire le choix, de concert avec mon conjoint, d'adopter un style de vie paisible et de dépenser relativement peu m'obligeait à faire preuve de créativité dans toutes les situations sociales auxquelles j'étais exposée. Vivre avec peu d'argent dans un milieu assez aisé et éduqué – le mien – a constitué une expérience formatrice et marquante. Quand on décide que le temps passé auprès de sa famille et le «luxe de la lenteur» ont une valeur plus élevée que les dizaines de milliers de dollars que pourrait rapporter chaque année un travail rémunéré, on en vient vite à remettre en question la moindre convention sociale. Me teindre les cheveux est-il bien nécessaire? Pourquoi faut-il offrir des cadeaux à l'enseignante de nos enfants? Est-il envisageable de se rendre chaque semaine à l'entraînement de baseball de l'aîné à vélo? Pourquoi cet entraînement doit-il avoir lieu à 12 km de mon domicile alors que les loisirs communautaires se déroulaient au coin de la rue quand j'étais petite? Et ainsi de suite.

Quelle ne fut pas ma stupéfaction, au milieu de la vingtaine, lorsque je me suis rendu compte que ma vie était *le contraire* de ce que prône le féminisme! Jusqu'alors, je m'étais dite féministe quand on me posait la question. Établir la valeur des femmes – de toutes les femmes! – et adopter un mode de vie qui n'épuise ni femmes, ni enfants, ni hommes... j'étais convaincue que c'était ce dont il s'agissait. Avant de connaître la théorie, j'attribuais donc une grande valeur féministe à ma vie de mère au foyer.

*

Le privé est politique. C'est absolument vrai.

Les couples qui choisissent de diminuer leur temps de travail pour des raisons écologiques et sociales contribuent à leur manière à sauver le monde de la catastrophe. On n'élèvera pas de statue à chaque parent qui marche le matin avec ses enfants pour les conduire à l'école. Qui fait des biscuits maison, des soupes et des muffins plutôt que de se les procurer emballés dans du plastique numéro six dans un IGA vaste comme un boisé coupé à blanc. Qui cultive un petit potager sur son toit. Qui résiste à l'injonction de posséder une minifourgonnette, d'agrandir sa maison ou d'y adjoindre un spa. Qui s'assoit devant un jeu de société une demi-heure par jour avec ses enfants, réduisant d'autant leur exposition aux écrans. Qui renonce à s'injecter du silicone, à avaler des comprimés érectiles ou à vernir les ongles d'une fillette de quatre ans. Mais de tels choix sont-ils vraiment insignifiants?

Nous contribuons au renforcement d'un cercle vicieux, explique la sociologue américaine Arlie Hochschild. Plus nous travaillons, plus nous nous sentons anxieux et isolés et plus nous avons tendance à nous tourner vers des services personnels payants pour combler les besoins émotionnels qui trouvaient autrefois à se satisfaire dans les familles et les communautés. Pour payer ces services, nous travaillons plus, évidemment, ce qui réduit d'autant le temps passé auprès de nos proches et nous rend plus hésitants à demander leur aide ou leur soutien quand le besoin s'en fait sentir. Sur Internet, les entreprises de type «rent-a-grandma» se comptent désormais par milliers... accentuant notre dépendance envers les «experts» et réduisant notre confiance en notre capacité de vivre une vie simple, mais gratifiante.

Dans un texte d'opinion intitulé «The real battle is elsewhere», Shannon Hayes, une mère au foyer américaine qui se définit comme une «radical homemaker», présente les mères au foyer comme les piliers d'une nouvelle culture fondée sur l'écologisme, la justice sociale, la simplicité volontaire et le bien-être familial et communautaire. Dans ce mode de vie, le marché du travail n'est pas le lieu le plus propice à la réalisation de soi et à la participation à l'avènement d'une société meilleure (je traduis):

À rebours de plusieurs féministes postindustrielles, écrit-elle, nous ne considérons ni le foyer ni les soins comme un symbole d'oppression. Nous le voyons comme un point de départ pour l'avènement d'un changement social. L'argument selon lequel les femmes devraient «moins se préoccuper» du domestique afin d'obliger leurs partenaires masculins à en faire plus, et ainsi contribuer à ce que la «lutte pour l'égalité» favorise davantage les femmes sur le marché du travail, est parfaitement raisonnable, si on croit que le marché du travail est la manifestation ultime de la réalisation de soi.

Pour Hayes, la question n'est pas de savoir si ce sont les femmes ou les hommes qui obtiennent les postes les plus prestigieux et gagnent le plus d'argent, puisque de toute façon, le système capitaliste appauvrit tout le monde en dégradant l'environnement et en accroissant les inégalités sociales. Par contraste, les superfemmes interrogées par Monique Jérôme-Forget font certes avancer la cause carriériste féministe, mais... Monique F. Leroux, la présidente des Caisses populaires Desjardins, s'est octroyée un salaire de 3,34 millions de dollars en avril 2012. Et la présidente de Gaz Metro, Sophie Brochu, soutient l'exploitation des gaz de schistes et affirme l'intention de l'entreprise d'aller de l'avant avec le projet Rabaska malgré les protestations des milliers de citoyennes et de citoyens qui ont démontré de façon convaincante l'inanité du projet.

Évidemment, si des hommes étaient à la tête de ces organisations, ils n'agiraient probablement pas autrement. Il ne s'agit pas de nier les accomplissements de ces femmes, leur contribution à l'économie du Québec ou même de contester par principe la bonne foi de leur engagement à l'égard du bien commun. Mais ces femmes riches et puissantes ont besoin d'un contrepoids citoyen solide pour qu'un équilibre puisse être atteint entre les intérêts économiques et sociaux dans notre société.

Et ce contrepoids a désespérément besoin de la contribution de personnes qui ont du temps à consacrer à la préservation du bien commun. Des gens qui travaillent moins. Des personnes retraitées et des parents au foyer, par exemple.

*

J'ai milité en faveur de nombreuses causes au fil des années. L'an dernier encore, des mères (au foyer, oui) de l'école primaire que fréquentent mes enfants ont tiré la sonnette d'alarme à propos de l'enseignement intensif de l'anglais en sixième année. Je me suis jointe à elles pour dénoncer l'implantation hâtive d'un programme qui nous semblait bâclé. L'école disposait certes d'une marge de manœuvre limitée. L'État imposait alors l'implantation du programme avant 2016 et la commission scolaire exigeait qu'on le mette en œuvre avant 2014. Il nous semblait pourtant que l'école aurait dû au moins s'efforcer de retarder le plus possible l'implantation du programme afin de disposer d'une année supplémentaire pour préparer les élèves à un horaire tronqué dès la cinquième année. Il aurait aussi été de son ressort de protester officiellement auprès de la commission scolaire et du gouvernement.

Quand nous nous sommes présentées à la réunion du conseil d'établissement, nous avions constitué un imposant dossier comprenant des études, une revue de presse, les prises de position syndicales, une pétition signée par près de cinquante parents et une compilation des façons diverses dont d'autres écoles et commissions scolaires affrontaient la décision du gouvernement. La direction de l'école s'est bornée à nous transmettre la propagande gouvernementale en faveur de sa propre décision sur une belle présentation numérique fournie par le ministère de l'Éducation.

Il était évident qu'aucun membre du conseil d'établissement ou de la direction de l'école n'avait consacré cinq minutes de son temps à la réflexion. Pourtant, ce sont ces membres qui peuvent inscrire «présidente du conseil d'établissement» ou «directrice d'école» sur leur *curriculum vitae*. Pour ce qui est des mères au foyer, leur dévouement ne fera jamais l'objet d'une déclaration bien ficelée dans *Les Affaires*.

*

Les couples qui travaillent à temps plein ont autre chose à faire, le dimanche après-midi, que de brandir des pancartes en scandant des slogans sur la rue Sainte-Catherine ou devant le parlement. Je suis la première à leur conseiller de se reposer quand ils le peuvent.

*

Quand j'étais mère au foyer à temps plein, je me suis enrôlée dans une formation proposée par Femmes, politique et démocratie. Il y avait longtemps que je soupesais la décision de faire de la politique, même si mon tempérament et mon incapacité congénitale à me taire ou à feinter semblaient me disqualifier à jamais. Lorsque Québec Solidaire a été créé, je me suis dit que je me devais au moins d'essayer.

Il s'agissait d'une formation prestigieuse à laquelle participaient des conférencières passionnantes. L'une d'entre elles était Fatima Houda-Pépin. Je me souviens très bien d'elle parce que, sans le savoir, elle m'a aidée à prendre l'une des décisions les plus intuitives – mais aussi l'une des plus judicieuses – de ma vie.

Elle était belle, quand elle s'est présentée devant nous, jeunes femmes aspirant à la vie politique, ce samedi matin-là. Charismatique, généreuse, intelligente. Elle prodiguait conseils et encouragements. Elle partageait son expérience. Elle a pris le temps de raconter la façon dont elle avait réussi à faire carrière dans la politique. Je la cite de mémoire : « J'ai eu de la chance. Mon mari a accepté de s'occuper de nos enfants pendant que je passais de longues semaines à Québec. Il l'a fait pendant des années. Nos enfants n'ont jamais manqué de rien. »

Elle a continué de parler, mais mon attention était ailleurs. J'avais quitté ma propre maison depuis moins de deux heures, mais déjà, mes petits me manquaient. Je savais bien que Fatima Houda-Pépin n'était pas la seule femme à voir ses enfants rarement, mais je me demandais néanmoins comment elle avait fait pour endurer cette situation si longtemps. Et puis, finalement, elle a eu ces mots finaux, que je

cite encore de mémoire : « Oui, la politique demande des sacrifices. Mais je les ai acceptés parce que j'estime qu'il est de mon devoir de servir ma société. »
Tonnerre d'applaudissements.

Quinze minutes, plus tard, je pédalais fiévreusement vers chez moi. J'avais décidé d'abandonner la formation. En chemin, passant devant la maison d'une amie, je me suis arrêtée. Elle était chez elle. Nous nous sommes assises sur le seuil. Il faisait soleil pour la première fois de ce début de mai. J'étais sous le choc. Ne venais-je pas de saboter une occasion en or ? Qu'avais-je fait ? Et Québec Solidaire qui avait misé sur moi !

Mon amie, comme moi, était la mère au foyer scolarisée de trois jeunes enfants. Je me souviens qu'auprès d'elle, mes ambitions confuses, ma recherche d'une manière de participer à la société, mon envie viscérale d'être souvent auprès de mes enfants et mon peu de goût pour le travail rémunéré ont trouvé à s'exprimer sans agressivité, dans une espèce de constat tiède et rassérénant. Je lui suis reconnaissante de son écoute, du temps qu'elle a généreusement pris pour moi le jour où j'ai frappé à sa porte, le cœur en émoi.

Encore aujourd'hui, le choix de Fatima Houda-Pépin m'apparaît être l'un des plus philosophiquement déchirants qu'on puisse imaginer. Se consacrer à sa famille ou à sa collectivité. L'option la plus égocentrique ou la plus superficielle des deux n'est pas nécessairement celle qu'on croit.

Car pour que la société vive, bouge, croisse, bouillonne, il faut que ses citoyennes et ses citoyens bénéficient du maximum de liberté possible. Il faut que la diversité de leurs aspirations soit reconnue et valorisée. Il faut que la valeur des soins, de la présence, de l'entraide, d'une discussion sur un seuil ensoleillé soit évidente même lorsqu'elle ne mène pas aux sommets du pouvoir et de la popularité.

Aucun engagement libre et sincère n'est superficiel, égocentrique ou exclusivement privé. À mes yeux à moi, et cela ne discrédite en aucune façon le choix de Fatima Houda-

Pépin et d'autres politiciennes, il n'y a pas de sens à servir sa société si c'est au prix d'un désengagement auprès des personnes qui nous sont les plus proches.

*

Le choix d'être mère au foyer peut être une contribution politique positive parce qu'il permet aux individus de se réapproprier trois choses qu'ils ont laissé leur échapper depuis des années : leur capacité d'action citoyenne, leur tranquillité et leur temps.

Je ne prétends pas que toutes les mères au foyer ont à cœur le bien commun. Il ne fait aucun doute que certaines d'entre elles – comme on peut le dire de tous les groupes, d'ailleurs – ne verront jamais plus loin que le bout de leur nez. Mais comment les juger, alors que ce que nous appelons «nous tenir informés» ne consiste plus qu'à jouer du pouce sur notre téléphone, à lire des titres sans cesse renouvelés qui n'ont plus la capacité de stimuler notre réflexion? Par contraste, ralentir le rythme, être à la maison et envisager les événements politiques sous un angle différent peut constituer une occasion unique pour des personnes qui n'ont encore jamais eu l'occasion de réfléchir au bien commun. S'il y a la moindre chance qu'elles s'engagent dans leur communauté, c'est à ce moment.

Il peut être étonnant de constater à quel point ceux qui passent de longues semaines au bureau sont parfois peu au fait de ce qui se passe dans leur quartier. Comment leur reprocher? Dans un article du *New York Times* du 9 mars 2013, Erin Callan, l'ex-financière en chef de Lehman Brothers, affirmait regretter d'avoir consacré trop de temps à son travail pendant plusieurs années. Elle soulignait que les Américains travaillent sans relâche du lundi à l'aube jusqu'au vendredi soir, ne s'octroyant jamais un moment de plaisir. La fin de semaine, ils s'écrasent, épuisés, devant leur console de jeu ou leur téléviseur. Le véritable plaisir, la quête de sens et la participation à la vie de leur communauté sont absents de leur existence.

À la maison, on se forge une opinion différente de ce qu'est la société, de la nature des enjeux et des solutions qu'il faudrait y apporter. Cette perception n'est pas nécessairement meilleure que les autres, mais elle enrichit notre réflexion collective sur la vie en société. Les longs moments de silence passés à allaiter, à bercer un enfant, à laver la vaisselle, à prendre le thé et à se promener derrière une poussette nous amènent naturellement à regarder autour de soi et à se demander pourquoi et comment les choses sont comme elles le sont. Au contraire de ce qui se passe autour de la machine à café, les questions mettent longtemps à se formuler et les réponses tardent tout autant. Ce sont les attributs d'une véritable réflexion.

Petit à petit, on retrouve un sentiment de puissance et de capacité d'action lorsqu'on ralentit. On a moins tendance à se dire que voter pour des partis différents est une alternative utopique et déconnectée, comme nous enseignent à le penser les médias conçus pour nous donner l'impression d'être informés dans un contexte où nous n'avons pas le temps de nous questionner. On a moins tendance à se sentir impuissante devant la marche des choses et les catastrophes annoncées.

*

Je ne dis pas que tout le monde a la possibilité de travailler moins. Ce que j'attendrais néanmoins du féminisme, c'est qu'il ne contribue pas à justifier la course sans fin et la dépossession de notre capacité d'action politique et de notre temps libre. Un féminisme véritablement citoyen reconnaîtrait sans peine que le travail enrichissant est celui qui n'étend pas inexorablement son empire sur le temps des citoyennes et des citoyens jusqu'à l'engloutir complètement. Ce féminisme établirait son idéal sur un modèle normatif différent de ceux des couples de doubles pourvoyeurs acharnés ou des mères monoparentales qui doivent, à tout prix, gagner autant que leur ex-conjoint. Il avancerait un modèle de citoyens engagés qui gagnent suffisamment pour assurer à eux-mêmes et à leurs enfants santé et sécurité.

Aimer, materner, jubiler

Que je dise d'abord d'où je tiens ce que je dis. Je le
tiens de moi, femme, et de mon ventre de femme.

ANNIE LECLERC

Lorsque l'ingénieure américaine Yvonne Brill est décédée le
27 mars 2013, l'article nécrologique que lui a consacré Douglas
Martin, du *New York Times*, débutait ainsi (je traduis):

Elle cuisinait un sacré bon bœuf Stroganoff, suivait son
mari d'emploi en emploi et s'était absentée de son travail
pendant huit ans pour élever ses trois enfants. « Elle était
la meilleure mère au monde », témoigne son fils Matthew.
Mais Yvonne Brill, qui est décédée mercredi dernier à l'âge
de 88 ans à Princeton, New Jersey, était également une
scientifique brillante qui, au début des années 1970, a in-
venté un système de propulsion capable d'éviter que les
satellites de communication ne dévient de leur orbite.

Les protestations ont évidemment afflué. Comment est-il
possible qu'en 2013, les accomplissements d'une scientifique
hors pair évoquent encore ses capacités culinaires et le fait
qu'elle ait toujours accordé la priorité à ses enfants? Com-
mentant le texte, une féministe néerlandaise, Joyce Brekelmans, résume probablement l'indignation de la plupart de ses
consœurs (je traduis):

Il y a des moments où votre courage féministe tombe au plus bas. Des moments où vous vous croyez presque folle, avec vos idéaux d'égalité.

J'admets que mon premier réflexe a été de sursauter violemment, moi aussi. Mais à y regarder de plus près, je perçois, symbolisé dans cette anecdote, le contenu entier de cet essai. Les femmes ont-elles des vies différentes de celles des hommes? Désirent-elles des vies différentes? Pourquoi? Faudrait-il leur accorder ce qu'elles veulent ou, au contraire, leur faire enfin comprendre que leur intérêt commande qu'elles ne le désirent pas? Les femmes continuent-elles d'être une catégorie pendant que les hommes embrassent des destins universels? Pourquoi ne parvenons-nous toujours pas à imposer la dignité des femmes comme l'égale de celle des hommes? Faut-il leur extirper du cœur la maternité et les soins pour y parvenir?

J'ai tenté de montrer dans ces pages la façon organisée dont le féminisme québécois institutionnalisé répond à ces questions. Je respecte la stratégie et j'en comprends les raisons. J'ai déjà expliqué que je reste d'accord avec plusieurs objectifs et analyses féministes. Mais j'ai voulu apporter une perspective différente, soucieuse de la capacité de chacune et de chacun de prendre les décisions qui les concernent, eux et leur famille, dans le Québec de 2014.

Que dirait Yvonne Brill de la rubrique nécrologique que lui a consacrée le *New York Times*? S'offusquerait-elle de la préséance accordée à sa vie privée? Ou ressentirait-elle une fierté immense d'avoir réussi sa vie de famille? Quelle valeur accordait-elle au fait d'être mariée et de porter le nom de son mari? Reconnaissait-elle la portée féministe de son bilan de carrière?

Pour Joyce Brekelmans, le texte de Douglas Martin illustre qu'encore aujourd'hui, «les hommes sont les humains qu'ils désirent être, alors que les femmes ne sont que les femmes dont elles rêvent». Je ne suis pas d'accord. Je pense que ce type de perception féministe contribue à rabaisser ce que sont les femmes et ce à quoi elles aspirent. Car ces rêves n'ont rien de dégradant en soi.

À y regarder de plus près, qui sait ce qu'a été la vie d'Yvonne Brill véritablement?

*

Dans cet essai, il a été question du féminisme québécois institutionnalisé et plus particulièrement de tout ce qu'il peine à intégrer, et que je résume en trois mots : aimer, materner, jubiler.

J'ai essayé de montrer qu'en faisant du travail rémunéré des femmes le concept clé de leur émancipation, le féminisme a abandonné son rôle de critique de ce qu'on appelle aujourd'hui le néolibéralisme. La difficulté de trouver un sens à sa vie dans une société de consommation individualiste n'est pas la faute du féminisme. Mais il fait le jeu de cette course sans fin à la gloire, à l'enrichissement et à la consommation. Il cautionne notre aliénation véritable : celle qui nous amène à oublier qui nous sommes, et à délaisser la solidarité qui fonde la vie en société.

De plus, en invitant les femmes à ancrer leur identité dans leur travail rémunéré avant tout, le féminisme va peut-être à l'inverse d'une tendance chez les jeunes à rejeter la centralité de ce travail. Ma position n'est pas qu'il faut rejeter ce dernier du revers de la main. Les sociétés saines ont besoin d'institutions qui donnent aux personnes le sentiment d'œuvrer à quelque chose de plus grand que soi. Le travail peut être le lieu de ce dépassement. Mais la famille, le couple et le foyer aussi. Quand on les interroge, beaucoup de gens en viennent à concéder qu'ils travaillent d'abord pour pouvoir consommer. On est bien loin, alors, de la vision du travail comme éthique de société.

Il ne s'agit pas de prôner le triomphe d'un bonheur égocentrique béat. Mais la société n'a rien à gagner à produire des hordes de mères exténuées qui ne comprennent pas la course contre la montre dans laquelle elles se trouvent engluées.

J'ai essayé de montrer que les idéologies ne tiennent pas compte du rythme, des besoins et de l'autonomie des personnes, et en l'espèce, des femmes. Même sous couvert d'une «lutte pour l'indépendance et l'égalité», les idéologies sabotent leur autonomie. Car notre statut ne dépend ni de ce à quoi nous employons nos journées, ni du calcul absurde de ce qu'accomplit chacun dans la maisonnée. Il dépend de ce que nous sommes, de notre conviction d'être les égales des hommes et de notre capacité à nous affirmer comme telles. En racontant par bribes ce qu'a été mon cheminement durant la première année de mon doctorat, j'espère avoir montré que le partage des tâches idéal – à l'instar de tous les autres idéaux féministes – ne saurait être obtenu par une formule simpliste. Il ne peut venir que de nous, de ce que nous sommes et de la façon dont nous avançons dans la vie. Qui sait ce qu'est un partage égal de toute façon? L'équité et la dignité peuvent s'incarner de manières multiples au sein d'un couple.

Il est certes indéniable que les femmes doivent parvenir à mieux affirmer ce à quoi elles aspirent, et ce dont elles ont besoin. En ce sens, le féminisme demeure indispensable, parce qu'il propose un soutien général à la légitimité de notre affirmation. Mes propres principes féministes ont servi de phare à ma longue réflexion, tout au long de cette année mouvementée.

J'ai essayé de parler de l'amour, d'en montrer la pertinence et l'actualité, même s'il compte parmi ces choses dont l'histoire et la littérature des hommes et des féministes peinent toujours à admettre la grandeur et l'importance.

J'ai rappelé que le problème sans nom qu'évoquait Betty Friedan dans les années 1960 est aujourd'hui celui des mères québécoises éreintées qui cumulent leurs tâches dans une fuite en avant qui ne fait qu'accentuer leur sentiment de s'éloigner d'elles-mêmes et de leurs enfants. «Est-ce tout?» se demandent-elles au terme de leurs journées pleines à craquer. Le sentiment de ne pas savoir qui elles sont et ce qu'elles peuvent espérer de la vie ne s'atténue pas par la magie des politiques de conciliation.

«Ma fille n'est pas faite pour travailler cinq jours semaine», me racontait dernièrement une mère féministe dans la soixantaine. «Elle a besoin d'un espace de créativité dans sa vie. Elle s'est fait prescrire des antidépresseurs. Je trouve que c'est affreux: pourquoi n'envisagerait-elle pas plutôt de travailler moins? Mais lorsque je lui suggère de trouver un emploi trois jours semaine, elle me dit que c'est impossible.» Pourquoi? Mystique féministe? Pressions consuméristes? Crainte exacerbée par le discours social de fusionner son revenu avec celui d'un conjoint?

J'ai essayé de montrer que des contraintes systémiques réelles peuvent se dresser sur le chemin de celles qui veulent s'affranchir au moins en partie du joug du travail rémunéré. Mais il se peut que les contraintes psychosociales soient en fait les plus effrayantes. «Existerai-je encore si je ne travaille pas de manière effrénée?» Le féminisme a sa part de responsabilité dans cette aliénation.

De la même manière que demander à toutes les femmes de maintenir un «poids santé» constitue une ingérence aussi grossière qu'absurde, exiger de toutes les mères qu'elles travaillent sans jamais s'arrêter confine à un despotisme fort peu éclairé. Ces idéaux maquillés sous l'apparence du gros bon sens sont la façon contemporaine de contrôler les femmes et leurs agissements.

«Le potentiel des Québécoises, écrit Monique Jérôme-Forget, est largement sous-utilisé.» Elle a en tête l'apport économique de femmes scolarisées, douées et ambitieuses. Mais au-delà du potentiel de ces superfemmes, j'ai voulu expliquer que c'est celui d'une grande variété de Québécoises que dilapide notre impuissance à reconnaître l'importance des soins et de la maternité pour notre société.

D'ailleurs, il n'a été que peu question des superfemmes dans ce livre. C'est de la classe moyenne que j'ai voulu traiter. Au fil des lectures et des recherches, je me suis constamment retrouvée devant les récits de femmes qui gagnent des salaires dans les six chiffres et travaillent quinze heures par jour. Il ne fait aucun doute que ces femmes influencent notre imaginaire et l'idée que nous nous faisons de la vaillance et de ce qu'est un destin enviable. Il ne fait également aucun doute à mes yeux que ces femmes accomplissent des exploits admirables. Mais je vais vous dire. Le seul commentaire que j'ai véritablement envie de faire au sujet du modèle normatif de la superconciliatrice est celui-ci : nous formons, sur ce plan comme sur d'autres, une société distincte. De très nombreux Québécois, même amoureux de leur travail, continuent de refuser de mettre leur endurance et leur obéissance au service exclusif d'un productivisme exacerbé. Cela me rend fière. Continuez. Malgré l'admiration que j'éprouve pour les super-femmes, j'aimerais qu'elles ne constituent pas le seul modèle de notre accomplissement.

Tout au long de cet essai, j'ai aussi essayé de rendre plus apparente la façon dont le féminisme influence nos vies. Que nous soyons femmes ou hommes, féministes ou non, le féminisme québécois contribue grandement à structurer la façon dont fonctionne notre société et les représentations que nous nous faisons de l'autonomie, de la dignité, de la justice, de l'équilibre et de l'égalité. Le féminisme n'admet que rarement qu'il accorde peu d'intérêt au désir d'enfant, aux différences entre les sexes et à la maternité. Je vois d'ici pleuvoir les réactions de militantes indignées : « Le féminisme est le premier à revendiquer des conditions meilleures pour les mères, leurs familles et leurs enfants ! » J'espère avoir montré le côté litigieux de cette affirmation. Je ne doute pas de la bonne fois des militantes féministes, prises individuellement. De fait, je n'en connais aucune qui dévalorise la maternité. Mais j'ai montré que le *discours* féministe contribue à accorder une importance démesurée au travail rémunéré et qu'il en fait le seul garant de l'autonomie et de la liberté des femmes. J'ai tenté de montrer les diverses manières par lesquelles il tente, jusqu'à un certain point, d'escamoter la maternité. Sans nier définitivement que les femmes doivent pouvoir s'y consacrer à temps plein si elles le désirent, il cherche à faire en sorte que cela ne soit le choix que d'une infime minorité. Je pense qu'aucune militante ne pourrait dire le contraire.

J'espère avoir montré qu'il existe des voies autres que la conciliation, qui permettent de mener des vies riches, solides et satisfaisantes. En partageant certains éléments de mon parcours et mes interrogations personnelles, j'ai essayé de montrer que «la famille» et «le travail» ne sont pas que des pourcentages démographiques et des objectifs à atteindre. Sans nier que les statistiques, les enquêtes et les analyses universitaires jouent un rôle crucial dans la compréhension de la façon dont nous menons nos vies, j'ai voulu apporter une perspective trop souvent occultée: celle de l'élan qui porte chacune d'entre nous à prendre des décisions qui donnent du sens à nos vies. Je n'ai pas nié la pertinence de la théorie critique des systèmes sociaux et du patriarcat. Mais j'ai voulu rappeler que les vies de chacune d'entre nous ont une valeur et une dignité exclusives qui échappent en partie aux tentatives d'explication analytiques.

J'espère avoir parlé de la beauté de la maternité au foyer sans l'avoir rendue assimilable à l'«hypermaternité». J'espère avoir dit assez clairement que je ne suis pas une tenante de la «maternité intensive» et que je ne pense pas que les enfants ont nécessairement besoin d'une mère omniprésente qui réagit à leurs moindres besoins ou établit pour eux des programmes de vie voués à la performance et à l'émulation extrême de leurs capacités. Être à la maison, c'est d'abord être présente et favoriser le calme, comme l'expliquent les mères que j'ai interrogées.

Que ce soit bien clair: la dernière chose dont les enfants ont besoin, c'est d'être le projet sans cesse réactualisé de leur mère, ou leur «plus grande réalisation».

Je ne pense pas non plus que la maternité soit un destin biologique, une obligation divine ou une vocation plus légitime qu'une autre pour les femmes. Bien sûr que non! J'affirme au contraire que la maternité doit être un choix, et c'est au moins aussi vrai pour la maternité au foyer.

Surtout, j'ai plaidé pour une approche alternative de l'égalité. Une approche fondée sur la différence et l'équité, non pas sur la quête de la similitude à tout prix. J'ai critiqué l'obsession de contraindre les hommes à en «faire autant» que les femmes à tout moment, d'heure en heure, en matière de domesticité et de soins aux enfants. Le féminisme demeure convaincu qu'être mère au foyer ne sera acceptable que le jour où les pères seront à la maison en nombre égal. Je pense au contraire que si nous attendons que les hommes investissent la sphère des soins pour lui accorder toute la valeur qu'elle mérite, nous aurons raté l'occasion de nous approprier et de revendiquer haut et fort ce que nous sommes et ce que nos mères nous ont transmis.

Car, instinct ou non, la maternité est un trésor patrimonial, un fait social total, une composante fondamentale de l'histoire humaine. L'acharnement que nous mettons désormais à en diminuer la signification est d'une tristesse infinie. Son assimilation sans nuances à une parentalité indifférenciée est l'une des facettes de cette obstination à vouloir tout égaliser. Être mère ne devrait pas, selon moi, être la même chose qu'être père.

J'espère avoir expliqué pourquoi j'ai défendu la position de Carla Bruni-Sarkozy. Pourquoi je comprends qu'on puisse avoir envie d'envoyer balader les injonctions idéologiques de tout acabit – féministes comprises. Pourquoi ce soubresaut, d'une certaine manière, est légitime et sain. J'ai exprimé ma propre irritation – mon rejet – des idéologies. Je refuse désormais que le féminisme se substitue à ma capacité personnelle d'évaluer ce qu'est une vie bien vécue. J'ai aussi tenté d'expliquer que mon rejet de l'idéologie ne signifie pas que je me replie sur ma vie privée ou que je suis hypnotisée par mon nombril (ou celui de mes enfants). Au contraire, c'est selon moi le modèle de vie proposé par le féminisme – celui de la conciliation à tout prix – qui contribue à faire de nous des citoyennes égocentriques et hyperconsommatrices, obsédées par la performance, les promotions et les salaires. Des femmes parfois mal en point qui en sont réduites à passer leurs rares moments de détente à lire *Elle Québec* ou *Clin d'œil* dans des spas luxueux, plutôt qu'à travailler à la préservation de nos acquis démocratiques ou de notre environnement. Abreuvées que nous sommes d'histoires lustrées de femmes à qui tout semble avoir réussi, de Botox et de publicités hypersexualisées, dans un univers d'enfants casés dans des CPE qu'on ne voit jamais s'ébattre librement, notre confiance en nous ne s'améliore pas. Ce qui nous manque, pourtant, ce n'est surtout pas un autre mode d'emploi. Ce qui nous fait défaut, c'est la capacité d'affirmer et d'honorer qui nous sommes et ce en quoi nous croyons. En tant que femmes, collectivement *et* personnellement. «Le féminisme a accompli des choses importantes», dit en substance Ashley, une mère que j'ai interrogée. «Mais il a aussi rendu les femmes incroyablement insécures! Les femmes ne savent plus qui elles sont à l'extérieur de leur travail rémunéré.» Ma belle-sœur néerlandaise (emploi à temps partiel, trois enfants), alors que j'étais dans un moment de crise existentielle, ne me le disait pas autrement: «Tu dois savoir qui tu es, Annie. Ne laisse pas le monde extérieur te dicter ta voie.»

J'espère, finalement, avoir montré que les soins, le don de soi et la solidarité sont des valeurs morales fondamentales et universelles. Parler de maternité et de soins, c'est parler de la société entière. L'amour, la jubilation et la maternité sont des principes sur lesquels il peut être exaltant de construire sa vie.

Remerciements

Je remercie les mères au foyer que j'ai rencontrées : c'est pour elles, avant tout, que j'écris. Fictives ou réelles, adolescentes ou grands-mères, Néerlandaises, Allemandes, Françaises, Canadiennes, Américaines ou Québécoises, intimes ou inconnues, toutes, elles ont nourri ma réflexion. Je remercie particulièrement les femmes qui ont participé à ma recherche de maîtrise pour leur formidable générosité. Marie-Anne, Ellen, Ève-Amélie, Elisabeth et Lucie, je me sens privilégiée de vous compter au nombre de mes amies.

Je remercie les féministes de tous horizons. Sans vos luttes, vos réflexions, votre volonté, vos théories, votre action militante, il m'aurait été impossible de prendre la parole aujourd'hui. Je remercie plus particulièrement celles d'entre vous qui, à *La Gazette des femmes*, ont décidé de consacrer un numéro spécial à la maternité au foyer (en mai 2012). Je salue votre ouverture d'esprit et je souhaite que nos divergences ne nous mènent jamais à cesser de discuter avec intelligence et respect.

Je remercie finalement H. M. pour la force tranquille et la patience toutes psychanalytiques avec lesquelles elle m'a rendue à moi-même. C'est en grande partie grâce à elle si je suis redevenue la femme sereine et affirmée qui s'exprime dans cet essai.

Bibliographie

Agus, Milena, *Quand le requin dort*, Paris, Liana Levi, 2005.

Badinter, Elisabeth, *L'amour en plus. Histoire de l'amour maternel*, Paris, Flammarion, 1980.

Badinter, Elisabeth, *Le conflit. La femme et la mère*, Paris, Flammarion, 2010.

Baechler, Jean, *Qu'est-ce que l'idéologie?*, Paris, Gallimard, 1976.

Barsalou, Dominique, *Ma mère ne travaille pas*, Cowansville, Éditions Yvon Blais, 2013.

Beck, Ulrich, *La société du risque. Sur la voie d'une autre modernité*, Paris, Flammarion, 2001 [1986].

Bédard, Daphné, «Mères à la maison: les nouvelles superwomen», *Le Soleil*, 10 décembre 2006, p. A10-A11.

Belleau, Hélène, *Quand l'amour et l'État rendent aveugle. Le mythe du mariage automatique*, Montréal, Presses de l'Université du Québec, 2012.

Belleau, Hélène, «Lola contre Éric: la liberté de choix de qui?», *Le Devoir*, 26 et 27 janvier 2013.

Belleau, Hélène et Agnès Martial (dir.), *Aimer et compter? Droits et pratiques des solidarités conjugales dans les nouvelles trajectoires familiales*, Montréal, Presse de l'Université du Québec, 2011.

Blaffer Hrdy, Sarah, *Les instincts maternels*, Paris, Payot, 1999.

Blaffer Hrdy, Sarah, *Mothers and Others. The Evolutionary Origins of Mutual Understanding*, Cambridge, Harvard University Press, 2009.

Blanchette, Josée, «Mamans à la maison: les nouvelles rebelles», *Châtelaine*, octobre 2005, p. 133-140.

BORDE, Valérie, «La garderie ne nuit pas au QI», *Gazette des femmes*, vol. 25, n° 6, 2004, p. 14.

BOUCHARD, Mylène, *La garçonnière*, Saint-Fulgence, La Peuplade, 2009.

BOUCHARD, Mylène, «Ce qui est profond – fiction», *Relations*, n° 762, février 2013.

BOURDIEU, Pierre, *Raisons pratiques. Sur la théorie de l'action*, Paris, Seuil, 1994.

BREKELMANS, Joyce, «We leven in een wereld waarin "meisje" een scheldwoord is», *De Volkskrant*, 8 avril 2013.

CALLAN, Erin, «Is there life after work?», *The New York Times*, 9 mars 2013.

CHICOINE, Jean-François et Nathalie COLLARD, *Le bébé et l'eau du bain. Comment la garderie change la vie de vos enfants*, Montréal, Québec-Amérique, 2006.

CLOUTIER, Annie, «Materner est-il dépassé?», *Le Devoir*, 29 et 30 décembre, 2012.

CLOUTIER, Annie, «Jeunes mères au foyer de divers horizons culturels dans le Québec des années 2000 : représentations en matière de choix, d'autonomie et de bien-être», mémoire de maîtrise en sociologie, Université Laval, 2011.

CLOUTIER, Annie, «Un accompagnement pour toute la vie», dans Michèle Clément, Lucie Gélineau et Anaïs-Monica McKay (dir.), *Proximités. Lien, accompagnement et soin*, Montréal, Presses de l'Université du Québec, coll. «Problèmes sociaux et interventions sociales», 2009.

CONSEIL DU STATUT DE LA FEMME, *Maintenir le cap sur l'égalité de fait : réflexion sur certains enjeux en matière de politique familiale*, Québec, 2007.

CONSEIL DU STATUT DE LA FEMME, Francine LÉGARÉ et Thérèse MAILLOUX, *Femmes et famille : suivez le guide : droits, services, ressources, tout ce qu'il faut pour s'y retrouver!*, Montréal, Les Publications du Québec, 1999.

COSSETTE, Louise (dir.), *Cerveau, hormones et sexe. Des différences en question*, Montréal, Éditions du remue-ménage, 2012.

CRIGNON, Anne, «La femme n'est pas un chimpanzé», entretien avec Elisabeth Badinter, *Le Nouvel Observateur*, 11 février

2010 et « Entretien avec Elisabeth Badinter (suite) » en ligne sur le site Bibliobs.com.

D'AMOURS, Martine, « Travail précaire et gestion des risques : vers un nouveau modèle social ? », *Lien social et politiques*, n° 61, 2009, p. 109-121.

DELPHY, Christine, « La maternité occidentale contemporaine : le cadre du désir d'enfant », dans Francine DESCARRIES et Christine CORBEIL (dir.), *Espaces et temps de la maternité*, Montréal, Éditions du remue-ménage, 2002, p. 68-82.

DELPHY, Christine, *L'ennemi principal, tome I. Économie politique du patriarcat*, Paris, Syllepse, 2013.

DELVAUX, Martine, « Toute parole est politique », *Le Devoir*, 3 janvier 2013.

DESCARRIES, Francine, « Féministes, gare à la dépolitisation ! », *Relations*, n° 762, février 2013.

DESCARRIES, Francine *et al.*, « Les femmes au foyer : une réalité éclatée », Rapport de recherche soumis au Conseil consultatif canadien sur la situation de la femme, Montréal, CRF, Université du Québec à Montréal, 1992.

DOWLING, Colette, *Le complexe de Cendrillon*, Paris, Grasset, 1982.

DURKHEIM, Émile, *De la division du travail social*, Paris, PUF, 1967 [1893].

DUXBURY, Linda et Christopher HIGGINS, « Témoignages canadiens : à la recherche de la conciliation travail-vie personnelle », Ottawa, Développement des ressources humaines Canada, 2003.

DWORKIN, Andrea, *Les femmes de droite*, Montréal, Éditions du remue-ménage, 2012.

ÉMOND, Ariane, « 30 ans et toutes ses dents », *La Gazette des femmes*, vol. 31, n° 1, 2009, p. 6-11.

FALUDI, Susan, *Backlash*, New York, Crown, 1991.

FORGET, Dominique, « Le ras-le-bol des congés parentaux », *Jobboom*, 12 août 2011.

FRASER, Nancy, « After the family wage : Gender equity and the welfare state », *Political Theory*, vol. 22, n° 4, 1994, p. 591-618.

FRASER, Nancy, «Marchandisation, protection sociale et émancipation. Les ambivalences du féminisme dans la crise du capitalisme», *Revue de l'OFCE*, n° 114, 2010, p. 19.

FRASER, Nancy, «How feminism became capitalism's handmaiden – and how to reclaim it», *The Guardian*, 14 octobre 2013.

FRASER, Nancy, et Linda GORDON, «A genealogy of *dependency*: Tracing a keyword of the U.S. welfare state», *Signs*, vol. 19, n° 2, 1994, p. 309-336.

FRIEDAN, Betty, *La femme mystifiée*, Paris, Gonthier, 1966.

FRIEDAN, Betty, *Femmes, le second souffle*, Paris, Hachette, 1982.

FRIEDAN, Betty, *Life So Far : A Memoir*, New York, Simon & Schuster, 2006.

GAGNON, Madeleine, *Depuis toujours*, Montréal, Boréal, 2013.

GIDDENS, Anthony et Christopher PIERSONS, *Conversations with Anthony Giddens. Making Sense of Modernity*, Stanford, Stanford University Press, 1998.

GILBERT, Elizabeth, *Mes alliances. Histoires d'amour et de mariages*, Paris, Calmann-Levy, 2010.

GIROUX, Marie-Ève, «La lutte pour un régime québécois d'assurance parentale», *Cahiers du CRISE*, coll. «Mouvements sociaux», 2008, 124 p.

GRAVEL, Pauline, «L'entrevue. Respecter les choix des femmes», *Le Devoir*, 10 mars 2008.

HAKIM, Catherine, *Work-Lifestyle Choice in the 21st Century*, New York, Oxford University Press, 2000.

HAYES, Shannon, «The real battle is elsewhere», texte d'opinion en ligne : bostonreview.net, juillet 2010.

HIRSCHMANN, Nancy J., «Mothers who care too much. What feminists get wrong about family, work, and equality», texte d'opinion en ligne : bostonreview.net, juillet 2010.

HOCHSCHILD, Arlie, «The outsourced life», *The New York Times*, 5 mai 2012.

INSTITUT DE LA STATISTIQUE DU QUÉBEC, «Femmes et emploi au Québec : des changements remarquables depuis 10 ans», Québec, Direction des communications et Direction des statistiques du travail et de la rémunération de l'Institut de la statistique du Québec, 2009.

JENSON, Jane et Mariette SINEAU (dir.), *Who cares ? Women's work, childcare, and welfare state redesign*, Toronto, University of Toronto Press, 2003.

JENSON, Jane, « Family policy, child care and social solidarity : The case of Quebec », dans Susan PRENTICE (dir.), *Changing child care*, Halifax, Fernwood Publishing, 2008, p. 39-59.

JÉRÔME-FORGET, Monique, *Les femmes au secours de l'économie. Pour en finir avec le plafond de verre*, Montréal, Stanké, 2012.

JOUBERT, Lucie, *L'envers du landau. Regard extérieur sur la maternité et ses débordements*, Montréal, Triptyque, 2010.

KAUFMANN, Jean-Claude, *L'étrange histoire de l'amour heureux*, Paris, Armand Colin, 2009.

LANGLOIS, Simon, « Le travail salarié des femmes change la société », entrée de blogue : www.blogues.ulaval.ca, 7 mars 2013.

LAURENCELLE, Marie-Pascale (avec la coll. de Geneviève Rioux), *Crée-moi, crée-moi pas*, Québec, Production Bazzo Bazzo, 2012.

LECLERC, Annie, *Paroles de femmes*, Paris, Grasset, 1974.

MARTIN, Douglas, « Yvonne Brill, a pioneering rocket scientist dies at 88 », *The New York Times*, 31 mars 2013.

MERCURE, Daniel et Mircea VULTUR, *La signification du travail. Nouveau modèle productif et ethos du travail au Québec*, Québec, Presses de l'Université Laval, 2010.

MÉDA, Dominique, *Le travail*, Paris, PUF, 2007.

MOORHEAD, Joanna, « For decades we've been told Sweden is a great place to be a working parent. But we've been duped », *The Guardian*, 22 septembre 2004.

MOUTIER, Maxime-Olivier, *La gestion des produits*, Montréal, Marchand de feuilles, 2011.

OKRENT, Christine (dir.), *Le livre noir de la condition des femmes*, Paris, XO éditions, 2006.

PELLETIER, Francine, « Ne vous mariez pas, les filles », *Le Devoir*, 30 janvier 2013.

PORTER, Isabelle, « La bataille des corvées », *Le Devoir*, 9 mars 2013.

PORTER, Isabelle, « Pères à temps plein un jour... », *Le Devoir*, 9 mars 2013.

Presse Canadienne, «Plan économique: Marois mise sur les subventions et les crédits d'impôt», *Le Devoir*, 7 octobre 2013.

Pronovost, Gilles *et al*. (dir.), *La famille à l'horizon 2020*, Québec, Presse de l'Université du Québec, 2008.

Proulx, Mario (dir.), *Une enfance pour la vie*, Montréal, Bayard Canada, 2011.

Rapoport, Benoît et Céline Le Bourdais, «Parental time, work schedules, and changing gender roles», dans Kevin McQuillan et Zenaida R. Ravanera (dir.), *Canada's Changing Families: Implications for Individuals and Society*, Toronto, University of Toronto Press, 2006, p. 76-104.

Rilke, Rainer Maria, *Lettres à un jeune poète*, Paris, Grasset, 1992 [1937].

Rosin, Hanna, *The End of Men and the Rise of Women*, New York, Riverhead Books, 2012.

Saint-Pierre, Brigitte, «Des lois, des mesures», *La Gazette des femmes*, vol. 30, n° 2, 2008, p. 24-26.

Seery, Annabelle, «Travail de reproduction sociale, travail rémunéré et mouvement des femmes: constats, perceptions et propositions des jeunes féministes québécoises», mémoire de maîtrise en science politique, Université du Québec à Montréal, 2012.

Sénac-Slawinski, Réjane, *L'ordre sexué. La perception des inégalités femmes-hommes*, Paris, PUF, 2007.

Stanton, Danielle, «Ne tirez pas sur la mère!», *La Gazette des femmes*, vol. 29, n° 1, 2007, p. 26-28.

Stone, Pamela, *Opting Out? Why Women Really Quit Careers and Head Home*, Berkeley, University of California Press, 2007.

Tremblay, Diane-Gabrielle, *De la conciliation emploi-famille à une politique des temps sociaux*, Montréal, Presse de l'Université du Québec, 2005.

Weber, Marianne, *Max Weber: A Biography*, Transaction Publishers, 1988 [1926].

Weber, Max, *L'éthique protestante et l'esprit du capitalisme*, Paris, Plon, 1964 [1905].

Young, Michael et Peter Willmott, *Le village dans la ville*, Paris, PUF, 2010 [1957].

Table des matières

Cet ouvrage composé en Reminga corps 10,5, a été achevé d'imprimer au Québec
sur les presses de Marquis Imprimeur le dix-huit février deux mille quatorze
pour le compte de VLB éditeur.